Bäume

Bäume

Autor
Elizabeth Martin

Illustrationen
Norma Birgin
Terry Callcut

Deutscher Text
Hans Joachim Conert

Inhalt

EINLEITUNG

Wenn man die Pflanzen nach ihrer Lebensform einteilt, kann man 3 verschiedene Gruppen unterscheiden: Kräuter, Stauden und Gehölze. Die Kräuter keimen im Frühjahr aus einem Samen, wachsen, blühen und fruchten im gleichen Jahr und sterben im Herbst ab. Nur der Same überwintert. Die Stauden keimen ebenfalls im Frühjahr und blühen und fruchten meist im selben Jahr, aber sie sterben im Herbst nicht ab. Nur die oberirdischen Teile vertrocknen, während die unterirdischen Organe – Wurzeln, Knollen, Zwiebeln oder Wurzelstöcke – den Winter überdauern. Aus ihnen entwickeln sich im zeitigen Frühjahr neue Blätter und blühende Stengel, und das wiederholt sich mehrere Jahre hindurch. Bei den Gehölzen sterben im Herbst nicht einmal die oberirdischen Organe ab, sondern Stamm, Äste und Zweige überwintern. Fast alle Laubbäume und einige Nadelbäume werfen aber im Herbst ihre Blätter ab und schlagen erst im Frühjahr wieder aus.

Bäume und Sträucher haben einen verholzten Stamm und verholzte Äste und Zweige. Einen deutlichen Unterschied gibt es zwischen diesen beiden Gehölzen aber nicht. Manche Arten wachsen sowohl als Sträucher wie auch als kleine Bäume. Im allgemeinen kann man sagen, ein Baum hat einen Stamm, von dem die Äste abgehen, bei einem Strauch fehlt dieser Stamm, und die gleichstarken Äste sind bereits vom Boden an mehr oder minder dicht verzweigt. In diesem Buch werden vor allem Bäume beschrieben, Gehölze, die sowohl strauch- als auch baumförmig wachsen, sind die Ausnahme.

Die Teile eines Baumes

Wie jede andere Pflanze auch, besteht ein Baum aus Wurzeln, Stengeln, Blättern, Blüten, Samen und Früchten. Die Blätter sind in der Form zwar sehr verschieden (siehe die Seiten 13–15), aber sie haben immer die gleiche Funktion. Ihre Zellen enthalten einen grünen Farbstoff, das Chlorophyll, mit dessen Hilfe die Pflanzen aus Kohlendioxid und Wasser neue Stoffe herstellen können, nämlich Zucker, Stärke und Zellulose. Die dazu notwendige Energie liefert das Sonnenlicht. Luft (und damit Kohlendioxid) gelangt durch viele kleine Öffnungen in den Haut-

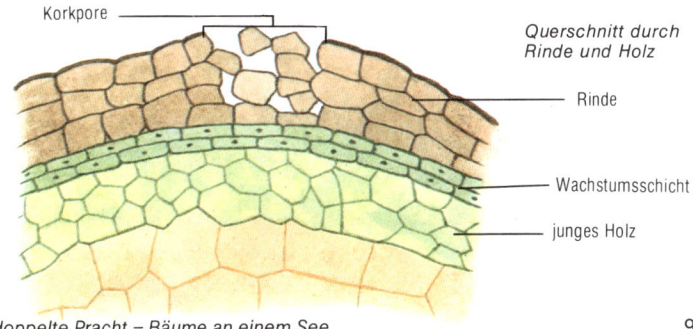

Korkpore

Querschnitt durch Rinde und Holz

Rinde

Wachstumsschicht

junges Holz

Verdoppelte Pracht – Bäume an einem See

schichten in das Blatt, und Wasser wird von den Wurzeln durch feine Röhren in das Blatt geleitet.

Bei dieser chemischen Umwandlung entsteht Sauerstoff, der an die Luft abgegeben wird. Aus diesem Grunde sind die Wälder eine »grüne Lunge« für Mensch und Tier, denn beide brauchen den Sauerstoff zum Atmen.

In unserem Klima werfen viele Laubbäume im Herbst ihr Laub ab, man nennt sie sommergrün. Andere Bäume behalten ihre Blätter mehrere Jahre lang und wechseln sie allmählich aus. Darum nennt man sie immergrün. Fast alle Nadelbäume und viele Laubbäume mit ledrigen Blättern sind immergrün. Wie jede andere Samenpflanze haben die Bäume Blüten mit Staubblättern und Samenanlagen. Die Staubblätter enthalten eine riesige Zahl von Pollenkörnern, die durch den Wind oder durch Insekten zu den weiblichen Blütenteilen transportiert werden. Bei den Nadelbäumen, wo die Samenanlagen offen auf den Zapfenschuppen angeordnet sind, besorgt allein der Wind den Transport. Hier entwickelt sich aus der Samenanlage ein Same, der zur Reifezeit aus dem sich öffnenden Zapfen ausfällt. Bei den Laubbäumen stehen die Samenanlagen dagegen in einem Fruchtknoten und sind dadurch noch besser geschützt. Hier werden die Pollenkörner durch den Wind oder durch Insekten auf eine Narbe gebracht. Das Pollenkorn bildet einen Schlauch, der Narbe und Griffel durchwächst und die männliche Keimzelle zur Eizelle in der Samenanlage transportiert. Auch hier entwickelt sich nach der Befruchtung aus der Samenanlage ein Same, und der

Fruchtknoten wird zur Frucht. Die Früchte der Laubbäume können sehr verschieden ausgebildet sein. Die häufigsten Formen sind Beeren, Steinfrüchte und Nüsse, aber auch Kapseln, Hülsen und andere Trockenfrüchte kommen vor. Bei den Nadelbäumen stehen die Samen fast stets in Zapfen, man nennt sie deshalb auch Koniferen, das heißt »Zapfenträger«.

Der Stamm

Ein Baum oder Strauch wächst in jedem Jahr weiter, er wird höher, und sein Stamm und die Äste werden dicker. Das geschieht durch die immer neue Ausbildung von Zellen. Wenn man den Querschnitt eines Baumes ansieht, kann man das Dickenwachstum deutlich erkennen, denn in jeder Vegetationsperiode bildet sich ein Jahresring. Entscheidend dafür ist eine ganz dünne Wachstumsschicht (das Kambium), die zwischen dem Holz und der Rinde liegt. Das ganze Jahr hindurch teilen sich ihre Zellen und bauen nach innen Holz und nach außen Rinde auf. Dieses Holz besteht aus lauter kleinen Röhren, die von der Wurzel bis zu den Zweigen und Blättern reichen und in denen das Wasser geleitet wird. Bei hohen Bäumen steigen das Wasser und die darin gelösten Salze bis zu 120 m hoch, und bis heute weiß noch niemand genau, wie das funktioniert. Im Frühjahr und im Sommer, wenn der Baum viel Wasser verbraucht, sind diese Röhren ziemlich groß, im Herbst sind sie viel kleiner, und im Winter werden überhaupt keine angelegt. Dadurch entsteht eine regelmäßige Schichtung, ein Jahresring.

Auch in der Rinde werden dünne Röhren angelegt. Sie sind noch viel feiner als die Wasserleitbahnen. In ihnen wird der Zuckersaft aus den Blättern zur Wurzel transportiert und dort in Form von Stärke gelagert.

Außerdem kann man auf dem Stammquerschnitt noch einen meist dunkler gefärbten, inneren Teil erkennen und einen oft helleren äußeren Teil. In der inneren Zone sterben die Zellen ab, die Poren verstopfen sich, und es findet auch kein Wassertransport mehr statt. Meist ist diese Zone anders gefärbt, sie wird rötlichgelb bis rötlichbraun. Dieses »tote« Holz nennt man den Kern oder das Kernholz. Es dient nur noch der Festigung des Stammes, und der Baum kann durchaus weiterleben, wenn es verfault. Bei alten Eichen und manchen Weiden ist das zuweilen der Fall. Um einen solchen ausgehöhlten Baum zu erhalten, mauert man ihn einfach mit Steinen aus. Die äußeren Teile des Holzes sind dagegen heller gefärbt, hier sind die Wasserleitbahnen noch in Funktion, und die Zellen der Markstrahlen leben noch. Diesen Teil des Stammes nennt man den Splint oder das Splintholz.

Den äußersten Teil des Stammquerschnittes bildet die Rinde. Sie schließt den Baum nach außen ab und verhindert, daß der Stamm vertrocknet oder daß sich Pilze und Bakterien auf ihm ansiedeln. Die Rindenzellen können sich ziemlich schnell vermehren. Das erkennt man an Verletzungen des Baumes, die von der Rinde innerhalb kurzer Zeit wieder überwachsen werden. Die äußere Schicht der Rinde besteht aus Kork. Sie wird durch zahlreiche Poren durchbrochen. Mit zunehmendem Alter des Baumes werden diese Korkschichten immer

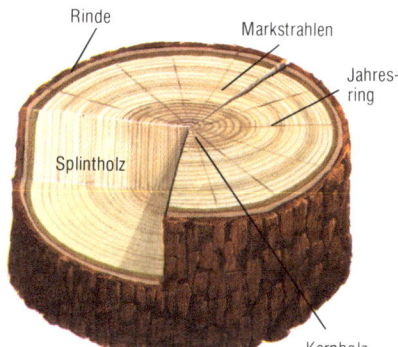

Querschnitt durch einen Baumstamm

dicker und zerreißen in Platten oder Längsstreifen.

Die Borke ist bei vielen Bäumen sehr charakteristisch ausgebildet. Z.B. ist sie bei der Buche völlig glatt, bei der Eiche tief in Längsstreifen zerrissen, und bei der Birke löst sie sich in langen papierartigen Streifen ab.

Die Bedeutung des Waldes

Wälder gibt es überall auf der Erde, nur dort nicht, wo es zu trocken oder zu kalt ist. In beiden Fällen ist

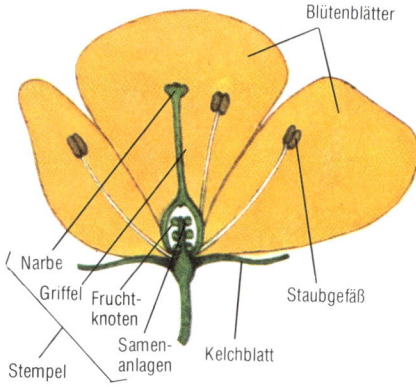

Längsschnitt durch eine Blüte

11

A nördliche Nadelwälder
B sommergrüne Laubwälder
C Gebirgsnadelwälder
D immergrüne Hartlaubgehölze
E baumlose Gebiete

Die Waldgebiete Europas

fehlendes Wasser der Grund, daß sich Bäume nicht entwickeln können. In den Wüsten und Halbwüsten gibt es nicht genug Niederschläge, und in den kalten Zonen ist das Wasser im Boden den größten Teil des Jahres über gefroren. Kälte können die Bäume dagegen meist besser vertragen als im allgemeinen angenommen wird. Die Bäume, die bei uns in harten Wintern sterben, erfrieren nicht, sondern verdursten, weil das Wasser bis in große Bodentiefe gefroren ist und von den Wurzeln nicht aufgenommen werden kann.

Jede Baumart hat ihr natürliches Verbreitungsgebiet, das sie unter normalen Bedingungen behält. Wenn sich aber das Klima verändert, so müssen die Bäume – und natürlich auch die übrigen Pflanzen – auswandern. In Mitteleuropa geschah dies in der Eiszeit. Von Norden her schoben sich große Eismassen bis nach Mitteldeutschland vor. Die Alpen bildeten im Süden einen riesigen Riegel von Eis. Und so starben fast alle Gehölze in Zentraleuropa aus. Erst nach dem Ende der letzten Eiszeit, vor etwa 10 000 Jahren, siedelten sich einige Arten wieder an, im ganzen knapp 2 Dutzend. Sie nahmen jetzt die Gebiete ein, in denen sie am besten gedeihen konnten: die Kiefern die großen Sandflächen in den Ebenen, die Krüppelkiefern die Gebirgszonen dicht unter dem Ewigen Eis, die Fichten die Gebirge und die Buchen die wärmeren Gebiete, die Ebenen und Mittelgebirge. Fast ganz Europa wäre heute von dichten Wäldern bedeckt, wenn der Mensch sie nicht für Siedlungen und Ackerflächen gerodet hätte. Die heute bestehenden Wälder sind nicht mehr natürlich gewachsen; »Urwälder« gibt es schon lange nicht mehr. Heute wächst überall ein Wirtschaftsforst, in dem die Bäume, oft in Reih und Glied, angepflanzt werden. Aber auch dieser Wald hat in unserer Zeit eine wichtige Aufgabe. Er liefert nicht nur das Holz, das in verschiedensten Industriezweigen verwendet wird, sondern er ist auch der Lebensraum vieler Tiere, sorgt für die Erneuerung und Verbesserung der Luft und bietet den Menschen Erholung, Ruhe und damit Gesundheit. Deshalb müssen die Wälder heute vor allen Eingriffen geschützt werden, denn nur so können der kommenden Generation saubere Luft und sauberes Wasser garantiert werden.

Wie man Bäume bestimmt

Im Gegensatz zu den mehr als 2000 verschiedenen Kräutern und Stauden, die es in Mitteleuropa gibt, ist die Zahl der Baumarten gering, selbst wenn man die aus anderen Gebieten eingeführten dazurechnet. Diese Arten lassen sich an Hand ihrer Blüten, vor allem aber durch die Form ihrer Blätter und Früchte unterscheiden. Auf den ersten Blick kann man 2 große Gruppen erkennen: die Nadelbäume und die Laubbäume. Wie der Name schon sagt, sind die Blätter der ersten Gruppe nadelförmig, aber auch schuppenförmig und dann wie Dachziegel an den Zweigen angeordnet. Bei manchen Nadelbäumen stehen die Nadeln zu 2 bis vielen in Büscheln zusammen. Sind es nur 2, 3 oder 5 lange, kantige Nadeln, so handelt es sich um eine Kiefernart, büschelförmig sind sie bei den Lärchen (Zapfen etwa 3 cm lang, Baum sommergrün) und bei den Zedern (Zapfen etwa 10 cm groß, Baum immergrün). Stehen die Nadeln einzeln an den Ästen, so sitzen sie entweder mit einer kleinen runden Scheibe an den glatten Ästen und sind flach (Tannen) oder sie stehen auf einer schmalen Rippe an den Ästen, die wie Raspeln aussehen, und sind 4kantig und stechend (Fichten). Zur Unterscheidung der Arten mit schuppenförmigen Blättern betrachtet man am besten die Zapfen, die beim Lebensbaum aus dünnen Schuppen zusammengesetzt sind, bei der Scheinzypresse aber aus dicken Schuppen, die sich zu einer Kugel zusammenfügen (siehe auch die Seiten 17).

Zur Bestimmung der Laubbäume empfiehlt es sich, ihre Blätter mit den Blattformen auf den Seiten 14 – 16 zu vergleichen.

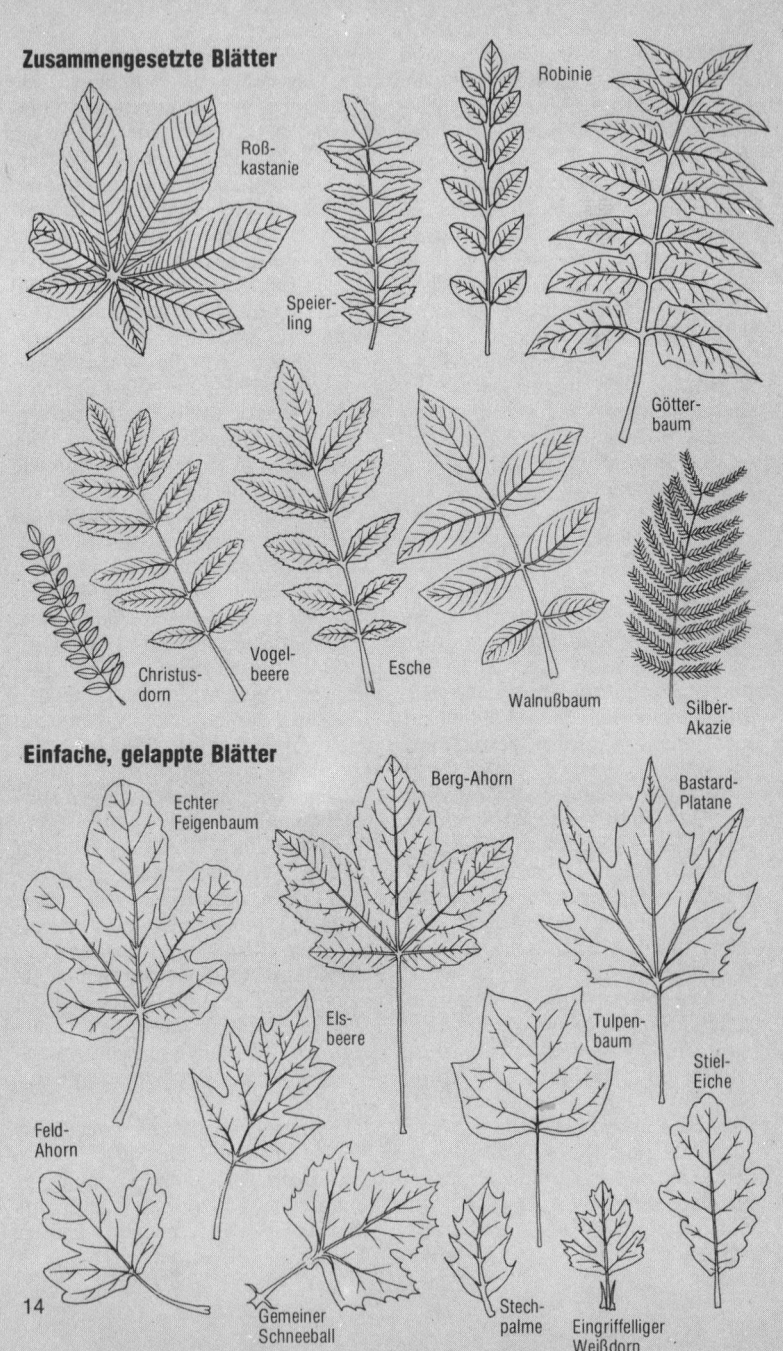

Zusammengesetzte Blätter

Roß-
kastanie

Speier-
ling

Robinie

Götter-
baum

Christus-
dorn

Vogel-
beere

Esche

Walnußbaum

Silber-
Akazie

Einfache, gelappte Blätter

Echter
Feigenbaum

Berg-Ahorn

Bastard-
Platane

Els-
beere

Tulpen-
baum

Stiel-
Eiche

Feld-
Ahorn

Gemeiner
Schneeball

Stech-
palme

Eingriffeliger
Weißdorn

14

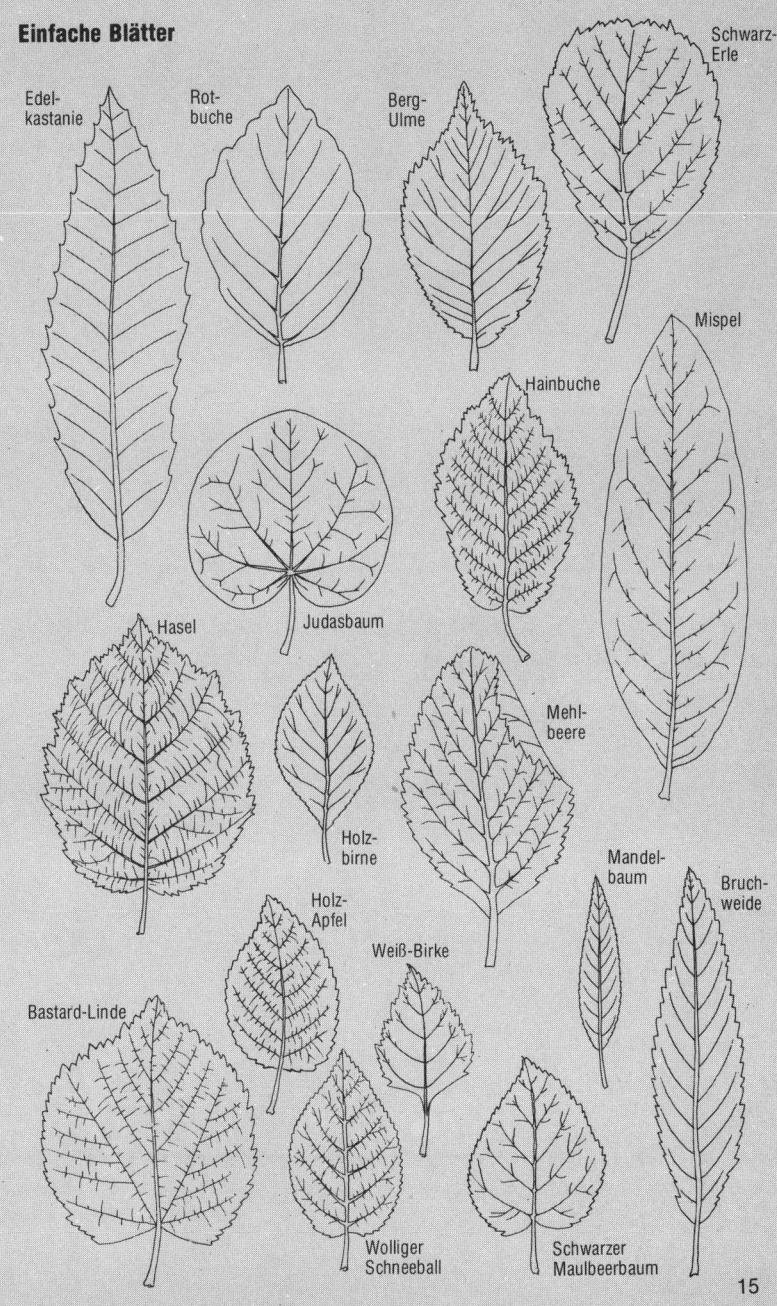

Einfache Blätter

Schwarz-Erle

Edel-kastanie

Rot-buche

Berg-Ulme

Mispel

Hainbuche

Hasel

Judasbaum

Mehl-beere

Holz-birne

Mandel-baum

Bruch-weide

Holz-Apfel

Weiß-Birke

Bastard-Linde

Wolliger Schneeball

Schwarzer Maulbeerbaum

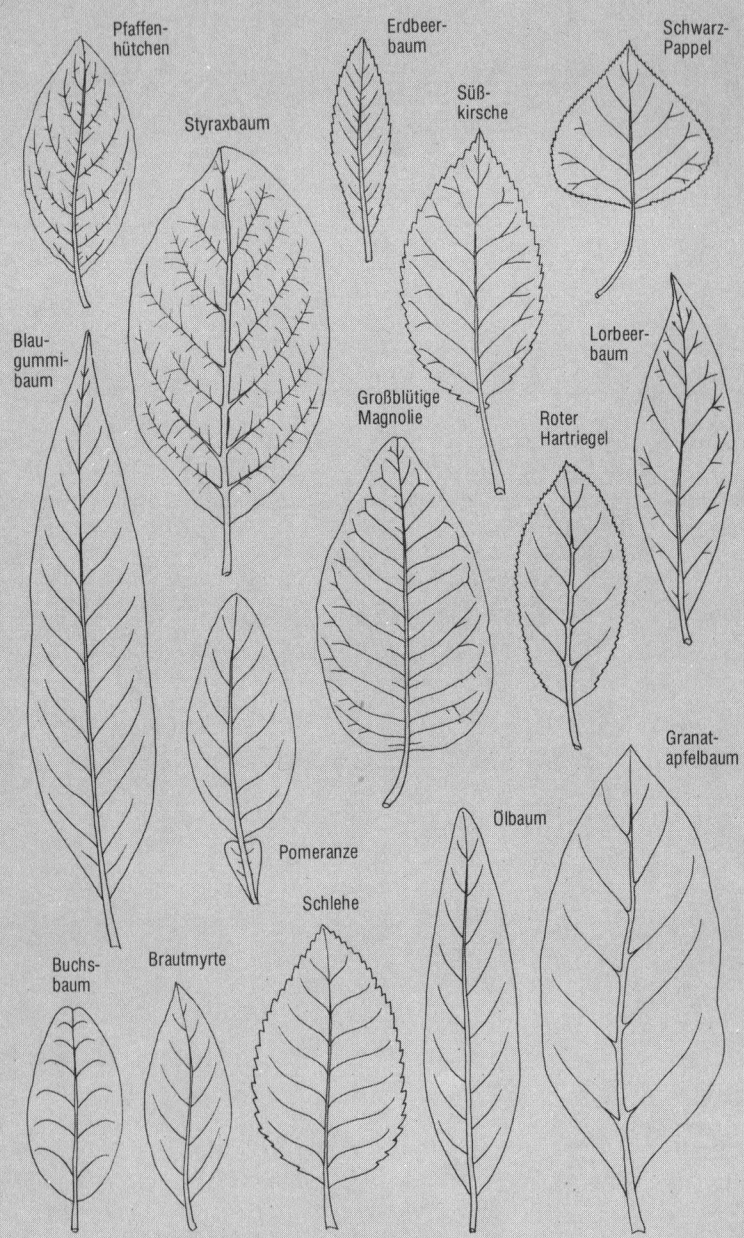

Pfaffen-
hütchen

Erdbeer-
baum

Süß-
kirsche

Schwarz-
Pappel

Styraxbaum

Blau-
gummi-
baum

Lorbeer-
baum

Großblütige
Magnolie

Roter
Hartriegel

Granat-
apfelbaum

Ölbaum

Pomeranze

Schlehe

Buchs-
baum

Brautmyrte

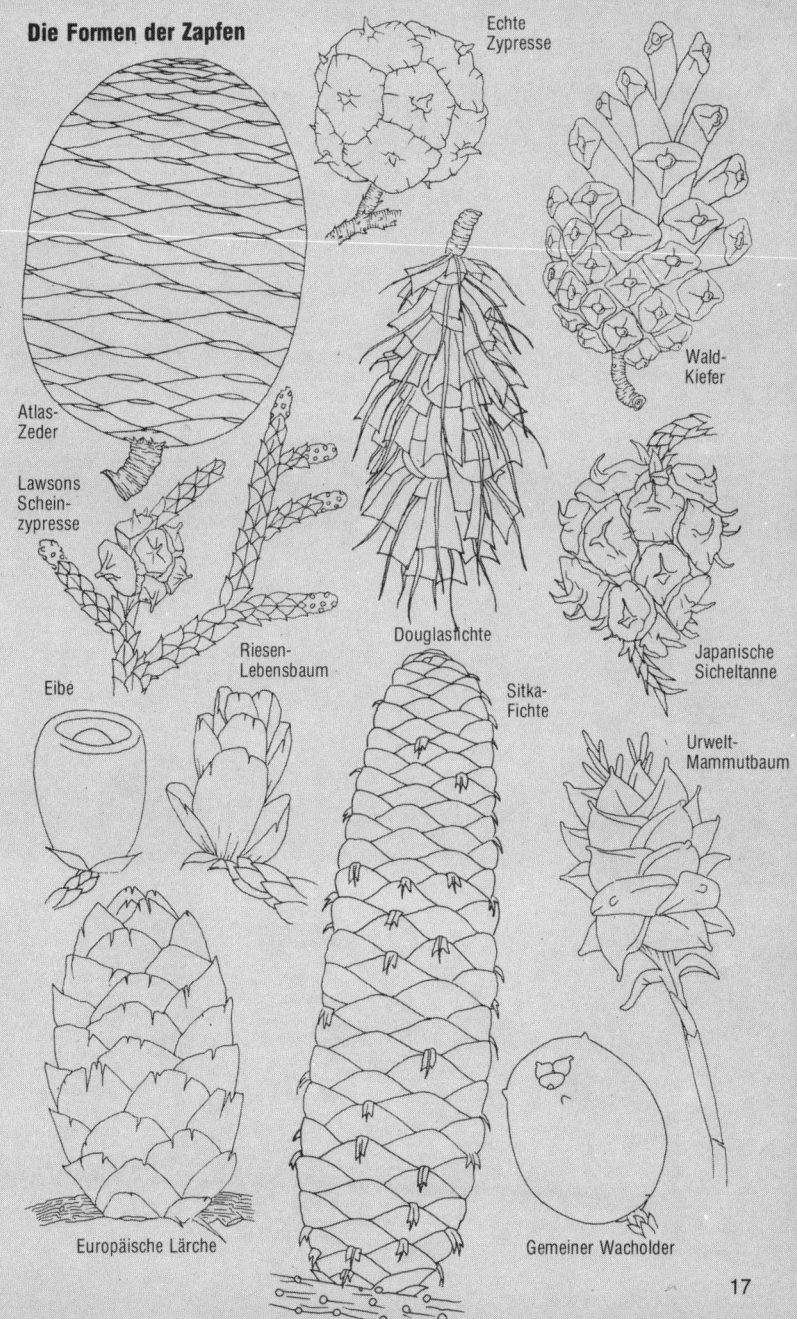

Die Formen der Zapfen

Echte Zypresse

Atlas-Zeder

Wald-Kiefer

Lawsons Scheinzypresse

Douglasfichte

Japanische Sicheltanne

Eibe

Riesen-Lebensbaum

Sitka-Fichte

Urwelt-Mammutbaum

Europäische Lärche

Gemeiner Wacholder

17

Kieferngewächse *(Pinaceae)*

Von allen Koniferen ist diese Familie die wirtschaftlich wichtigste,
aber auch die größte. Sie umfaßt mehr als 200 Arten, die vorwiegend
auf der Nordhalbkugel verbreitet sind, während sie in tropischen
Gebieten nur in den Gebirgen vorkommen. In Nordamerika
und Eurasien gibt es riesige Wälder, die fast ausschließlich von
Arten dieser Familie gebildet werden.

Weiß-Tanne *(Abies alba)*

Diese Art ist in Südeuropa weit verbreitet
und bildet von den Pyrenäen über den
Schwarzwald und die Alpen bis zum
Balkan große Wälder. Außerdem wird der
Baum aber auch häufig angepflanzt, da er
ein wertvolles Holz liefert. Er wird bis 50 m
hoch.
Krone: schmal-kegelförmig mit weit abstehenden, in Quirlen angeordneten
Ästen, deren Spitze nach oben gerichtet
ist.

Rinde: glatt, dunkelgrau, bei jungen Bäumen mit Harzdrüsen besetzt, später in
kleine Platten zerreißend.
Zweige: graubraun, mit dunklen Haaren
besetzt.
Knospen: rotbraun, eiförmig, ohne Harzüberzug.
Nadeln: 2–2,5 cm lang, flach, am oberen
Ende eingekerbt, oberseits dunkelgrün,
auf der Unterseite mit 2 weißlichen Streifen, in zwei Zeilen an den Ästen stehend.
Zapfen: 10–15 cm lang, aufrecht, walzenförmig, mit langen, nach unten gebogenen Schuppen, zur Reifezeit braun und
zerfallend, nur die Spindel bleibt stehen.
Verwendung: Das gelblichweiße Holz ist
leicht und weich, es ist harzfrei und hat
keinen gefärbten Kern. Es wird als Tisch-
lerholz und zur Herstellung von Geigenböden verwendet, außerdem zur Papier-

natürliches
Verbreitungsgebiet
der Weiß-Tanne

reifer
Zapfen

Weiß-Tanne

herstellung. Aus den Nadeln wird ein Öl destilliert, das in der Heilkunde Verwendung findet, aber auch bei der Herstellung von Farben eine Rolle spielt.

Die Stämme der Nadelbäume werden als Bauholz und zur Papierherstellung verwendet.

Küsten-Tanne
(Abies grandis)

Diese schnellwüchsige Art ist an der Westküste Nordamerikas zu Hause und wird dort bis zu 90 m hoch. In Europa, wo sie seit etwa 200 Jahren angepflanzt wird, ist sie nur bis 40 m hoch.

Krone: schmal-kegelförmig, die weit abstehenden Äste in regelmäßigen Quirlen angeordnet.

Rinde: braungrau, mit zahlreichen Harzdrüsen, später dunkelbraun und in kleine Platten zerreißend.

Zweige: dünn und olivgrün.

Knospen: rotbraun, etwa 2 mm lang, mit Harz überzogen.

Nadeln: 3,5–5,5 cm lang, dünn und weich, am oberen Ende eingekerbt, oberseits glänzend grün, auf der Unterseite mit 2 hellen Wachsstreifen, zweizeilig an den Ästen stehend.

Zapfen: 7–10 cm lang, aufrecht, walzenförmig, zur Reifezeit rotbraun.

Verwendung: Das Holz wird in der Tischlerei und als Bauholz verwendet.

Küsten-Tanne

reifer Zapfen

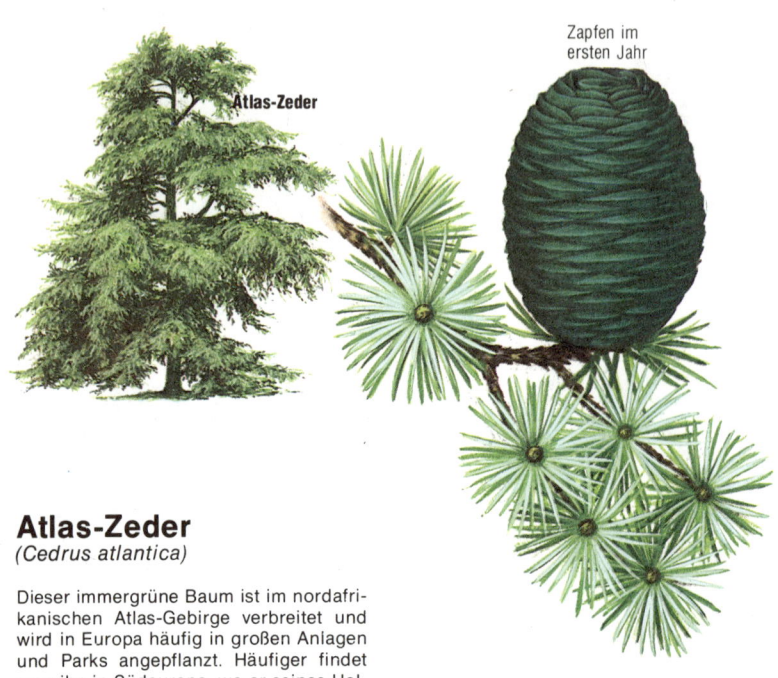

Atlas-Zeder

Zapfen im
ersten Jahr

Atlas-Zeder
(Cedrus atlantica)

Dieser immergrüne Baum ist im nordafri-
kanischen Atlas-Gebirge verbreitet und
wird in Europa häufig in großen Anlagen
und Parks angepflanzt. Häufiger findet
man ihn in Südeuropa, wo er seines Holzes wegen kultiviert wird. Er wird bis 40 m
hoch.
Krone: breit-kegelförmig, die Hauptäste
sind aufwärts gerichtet, und auch die
Zweige wachsen vorwiegend schräg-auf-
recht.
Rinde: dunkelgrün, glatt, später eingerissen und große Platten bildend.
Knospen: hell rötlichbraun, eiförmig,
2–3 mm lang, mit Schuppen, die an der
Spitze dunkel gefärbt sind.
Nadeln: 1–3 cm lang, grün oder graugrün, 4kantig, steif, zu 30–40 an den Kurztrieben stehend und hier ausgebreitete
Büschel bildend.
Zapfen: 5–8 cm lang, aufrecht, breit-ei-
förmig, am oberen Ende oft etwas vertieft,
im ersten Jahr dunkelgrün, im zweiten
Jahr hell rötlichbraun und zur Reifezeit
zerfallend, so daß nur die Spindel an den
Ästen stehen bleibt.
Verwendung: Das aromatisch duftende
Holz ist feinporig und sehr haltbar. Es wird
als Bauholz verwendet, aber auch zur Her-
stellung von Zigarrenkisten, Möbeln und
Furnieren.

Libanon-Zeder
(Cedrus libani)

Wie der Name sagt, stammt dieser immergrüne Baum von den Gebirgen des Liba-
non (Syrien und südöstliche Türkei). Er
wird häufig in Parks und Anlagen angepflanzt und unterscheidet sich von der Atlas-Zeder in folgenden Merkmalen:
Krone: bei jungen Bäumen kegelförmig,
später breit-schirmförmig, ohne erkenn-
baren Haupttrieb.
Nadeln: 2–3 cm lang, grasgrün, zu 10–20
in kleinen Büscheln angeordnet.
Zapfen: wie bei der Atlas-Zeder, aber
7–12 cm lang.

20

Libanon-Zeder

reifer
Zapfen

Himalaja-Zeder
(Cedrus deodara)

Dieser immergrüne Baum ist im westlichen Teil des Himalaja verbreitet und wächst in Höhenlagen von 2000–3000 m. Man findet ihn nicht selten in Südeuropa, wo er als Zierbaum, aber auch seines Holzes wegen angepflanzt wird. Er wird bis 35 m hoch und ist an folgenden Merkmalen zu erkennen:
Krone: kegelförmig, mit Haupttrieb und abstehenden, etwas überhängenden Ästen.

Zweige: gelblichbraun, dicht behaart.
Knospen: 1 mm lang, spitz, orangefarben, mit an der Spitze gelblich gefärbten Schuppen.
Nadeln: 2,5–5 cm lang, dunkelgrün, wenig steif, in großer Zahl an den Kurztrieben stehend.
Zapfen: 10–15 cm lang, breit-eiförmig, am oberen Ende abgerundet, nicht trichterförmig vertieft.

reifer
Zapfen

Himalaja-Zeder

Europäische Lärche
(Larix decidua)

Dieser sommergrüne, bis 40 m hohe Baum wächst wild in den höheren Lagen der Alpen, Karpaten und Sudeten. Er wird aber heute überall in Europa angepflanzt und ist ein häufiger Waldbaum.

Krone: schmal-kegelförmig, im Alter flach-ausgebreitet, mit abstehenden, leicht abbrechenden Ästen und aufwärtsgerichteten Zweigen.

Rinde: graubraun, glatt, später in schmale Streifen zerreißend.

Zweige: fahlgelb oder gelblichrot, lang, von den Ästen herabhängend.

Knospen: braun, von Harz überzogen, schuppig.

Nadeln: 2–3 cm lang, weich, hellgrün, zu 20–30 an den kurzen Seitensprossen stehend und einzeln an den Langtrieben, im Herbst gelblich und abfallend.

Zapfen: zuerst leuchtend rot gefärbt, später 2,5–4 cm lang, 1,5–2 cm breit, mit lokker stehenden, aufrechten Schuppen.

Verwendung: Gut gewachsene Stämme werden als Schiffsmasten verwendet, außerdem wird das harte und widerstandsfähige Holz in der Bauindustrie und in der Tischlerei benutzt. Aus dem Harz wird Terpentinöl gewonnen. Durch eine Krankheit, den Lärchenkrebs, ist der Baumbestand sehr stark zurückgegangen.

natürliche Verbreitung der Europäischen Lärche

Europäische Lärche

junger Zapfen

Baum im Winter

reife Zapfen

22

Japanische Lärche
(Larix kaempferi)

Dieser aus Japan stammende Baum ist widerstandsfähig gegen den Lärchenkrebs und wird bei uns häufig dort angepflanzt, wo die Europäische Lärche stark zurückgegangen ist. Er wird bis 35 m hoch.
Krone: breit-kegelförmig, am oberen Ende abgerundet, mit weit ausladenden, hängenden Ästen.
Rinde: glatt, rotbraun, später in lange Streifen zerreißend.
Zweige: rotviolett, oft blau bereift, von den Ästen herabhängend.
Knospen: rötlichbraun und harzig.
Nadeln: 3–3,5 cm lang, ca. 1 mm breit, graugrün oder blaugrün, im Herbst goldgelb gefärbt und abfallend.
Zapfen: zuerst gelblich oder grünlich, später 1,5–4 cm lang, eiförmig, mit locker stehenden, gewellten Schuppen, deren oberer Rand deutlich nach außen umgeschlagen ist.
Verwendung: wie bei der Europäischen Lärche, aber das Holz ist nicht so wertvoll.

Gemeine Fichte
(Picea abies)

Dieser immergrüne, bis 40 m hohe Baum ist von Mittel- und Nordeuropa bis nach Ostasien verbreitet. In Deutschland kommt er wild nur in den höheren Lagen der Mittelgebirge und in den Alpen vor. Aber er wird heute überall angepflanzt und gehört zu unseren wichtigsten Waldbäumen.
Krone: schmal und kegelförmig, die Seitenäste in Quirlen angeordnet.
Rinde: glatt und rötlichbraun, später dunkel und in derbe Platten zerreißend.

Japanische Lärche

reife Zapfen

23

Zweige: rötlich oder rotbraun, rauh wie eine Raspel.

Knospen: braun, glatt, spitz.

Nadeln: 1–2 cm lang, 4kantig, spitz, stechend, rings um die Zweige stehend.

Zapfen: 12–18 cm lang, hängend, zur Reifezeit im ganzen abfallend.

Verwendung: Das Holz wird in der Bauindustrie und in der Tischlerei verwendet. Aus den Stämmen werden Masten, Holzwolle und Papier hergestellt.

Am besten bekannt ist die Gemeine Fichte als »Tannenbaum«

Gemeine Fichte

natürliche Verbreitung der Gemeinen Fichte

männliche Blüten während des Stäubens

reifer Zapfen

24

Sitka-Fichte *(Picea sitchensis)*

Dieser immergrüne Baum ist an der Ostküste Nordamerikas, von Alaska bis Nordkalifornien, zu Hause. Er wird heute auch in vielen Teilen Europas als Zierbaum angepflanzt, aber auch weil er schnell wächst und ein gutes Holz liefert. In Amerika wird er bis 80 m hoch, bei uns bis 50 m.

Krone: schmal-kegelförmig, mit einem langen, spitzen Haupttrieb, bei älteren Bäumen hängen die Äste etwas herab, und die Spitze des Baumes verbreitert sich.

Rinde: dunkelgrau oder graubraun, gefleckt, später in breiten Streifen abblätternd.

Nadeln: 1–3 cm lang, blaugrau, auf der Unterseite mit 2 weißlichblauen Streifen, schmal, spitz.

Zapfen: 5–10 cm lang, hängend, die Schuppen locker angeordnet, dünn, hellbraun, wellig gebogen.

Verwendung: Das leichte, zähe Holz wird in der Bauindustrie und beim Schiffsbau verwendet. Früher wurden auch Flugzeugpropeller daraus hergestellt.

Sitka-Fichte

reife Zapfen

25

Zirbel-Kiefer

reifer Zapfen

Nadel-büschel

Zirbel-Kiefer oder Arve
(Pinus cembra)

Dieser immergrüne Baum kommt wild in den Alpen und Karpaten dicht unter der Baumgrenze vor, außerdem ist er in großen Teilen Nordostasiens zu Hause. In Südeuropa wird er als Zierbaum, aber auch seines Holzes wegen angebaut und kann hier eine Höhe von 25 m erreichen.
Krone: breit und rund, bei einzeln stehenden Bäumen bleiben auch die unteren Äste lange erhalten. Sie stehen weit ab.
Rinde: dunkelgrau oder rotbraun, später tief eingerissen.
Zweige: graubraun, dicht mit gelbbraunen Haaren besetzt.
Nadeln: 7–12 cm lang, zu 5 in einem Büschel zusammenstehend, auf der Unterseite dunkelgrün, oberseits hellgrün.
Zapfen: 6–8 cm lang, 3–5 cm breit, eiförmig, rötlichbraun, mit breiten Schuppen und flügellosen, eßbaren Samen (Zirbelnüsse).

Verwendung: Das Holz der Zirbel-Kiefer ist ein gesuchtes und wertvolles Material für Schnitzarbeiten und den Bau von Bauernmöbeln.

Dreh-Kiefer
(Pinus radiata)

Dieser immergrüne, bis 30 m hohe Baum kommt wild nur an einer Stelle vor, der Montereybucht in Südkalifornien. Er ist dort starken Meereswinden ausgesetzt und hat oft einen stark gedrehten Stamm. In Europa wird er als Zierbaum an der Atlantikküste angepflanzt. Mittlerweile ist er aber auch in Südafrika, Australien und Neuseeland eingeführt.
Krone: kegelförmig, bei älteren Bäumen breit, abgerundet, locker.
Rinde: dunkelbraun oder graubraun, tief eingerissen.
Knospen: 1–2 cm lang, spitz, harzig, braun gefärbt.

Nadeln: 10–15 cm lang, in Büscheln zu dritt, beiderseits hellgrün.

Zapfen: 7–14 cm lang, 5–8 cm breit, an einer Seite abgeplattet. Immer 3 stehen zusammen und bleiben lange am Baum.

Verwendung: Das Holz wird zum Bau von Kisten und zur Papierherstellung benutzt.

Zapfen: 10–15 cm lang, 3–5 cm breit, schlank, etwas gebogen, hängend, mit locker stehenden, dünnen, abstehenden Schuppen, zuerst grün, später braun.

Verwendung: Das weißlichgelbe, leichte und weiche Holz dieses schnellwüchsigen Baumes wird im Möbelbau und für Türen und Fensterrahmen gebraucht.

Weymouth-Kiefer
(Pinus strobus)

Dieser immergrüne Baum ist im nordöstlichen Nordamerika, im Gebiet der Großen Seen, zu Hause. Er wird seit dem 18. Jahrhundert häufig in Europa angepflanzt und wird hier 30–40 m hoch.

Krone: zuerst kegelförmig, später ausgebreitet, locker und abgerundet.

Rinde: bei jungen Bäumen glatt und grünlichbraun, später graubraun und rissig.

Zweige: schlank und grün, später graubraun, dicht mit feinen Haaren besetzt.

Nadeln: 8–12 cm lang, schlank, zu 5 in kleinen Büscheln zusammenstehend und die Zweige dicht einhüllend, im Querschnitt dreieckig, blaugrün, weich und biegsam.

Rinde der Weymouth-Kiefer

Dreh-Kiefer

reifer Zapfen

Weymouth-Kiefer

reifer Zapfen

27

Schwarz-Kiefer
(Pinus nigra subsp. *nigra)*

Dieser immergrüne, 30 m hohe Baum ist in den Gebirgen Südeuropas verbreitet und kommt auch in Österreich vor. Er wird häufig in Gärten und Parks angepflanzt. Als Waldbaum eignet er sich dagegen weniger, weil er für eine Pilzkrankheit sehr anfällig ist.
Krone: unregelmäßig und weit ausgebreitet. Der Stamm ist bis obenhin schwarzbraun.
Rinde: dunkelbraun bis dunkelgrau, später tief in lange Streifen zerreißend.
Zweige: glänzend, gelblichbraun, dick und stark gerippt.
Knospen: bis 1 cm lang, gelbbraun, am Grunde breit, spitz zulaufend.
Nadeln: 10–15 cm lang, zu zweit zusammenstehend, dunkelgrün.
Zapfen: 5–8 cm lang, gelbbraun, eiförmig, zugespitzt.

Korsische Schwarz-Kiefer
(Pinus nigra subsp. *maritima)*

Dieser immergrüne, schnellwüchsige Baum ist auf Korsika und Sizilien sowie in Süditalien heimisch. In anderen Gebieten Südeuropas wird er häufig angepflanzt, teils als Schattenbaum, teils seines wertvollen Holzes wegen. Er wird bis 35 m hoch und kann von der Schwarz-Kiefer durch folgende Merkmale unterschieden werden:
Krone: schmal-kegelförmig, locker, aber regelmäßig.
Rinde: rotbraun bis dunkelbraun, schwach rissig.
Knospen: bis 2 cm lang, lang-zugespitzt.
Nadeln: 12–18 cm lang, zu zweit zusammenstehend, graugrün, biegsam, oft gedreht.

Korsische Schwarz-Kiefer

Schwarz-Kiefer

reifer Zapfen

28

Verwendung: Das harte und feste Holz hat einen rötlichen Kern und einen hellbraunen Splint. Es wird zur Herstellung von Möbeln genommen. Auch das Harz spielt eine größere Rolle.

Wald-Kiefer
(Pinus sylvestris)

natürliche Verbreitung der Wald-Kiefer

Dieser immergrüne Baum ist in weiten Teilen Europas und bis Ostasien verbreitet und bildet besonders auf Sandböden große Wälder. Bei uns ist er ein wichtiger Waldbaum, der überall seines wertvollen Holzes wegen angepflanzt wird. Er wird 35 – 40 m hoch.

Krone: bei jungen Bäumen kegelförmig, mit regelmäßigen, in Quirlen angeordneten Ästen; später breit und flach, nur im oberen Teil des Stammes mit Ästen.

Rinde: zuerst rotgelb und sich in dünnen Schuppen ablösend, später dunkelbraun, tief rissig.

Zweige: kahl, zuerst grünlich, später braun.

Knospen: rot bis dunkelbraun.

Nadeln: 3 – 7 cm lang, zu zweit zusammenstehend, blaugrün, oft gedreht.

Zapfen: 3 – 8 cm lang, graubraun bis gelbbraun, eiförmig, mit zur Reifezeit weit abgebogenen Schuppen.

Verwendung: Das Holz hat einen rotbraunen Kern und einen gelblichweißen Splint

Die Wald-Kiefer kann man leicht an der rotbraunen Rinde im oberen Teil des Stammes erkennen

Wald-Kiefer

reifer Zapfen

29

Es wird vor allem als Bauholz, aber auch in der Möbel- und Papierfabrikation sowie als Brennholz verwendet. Aus gut gewachsenen Stämmen lassen sich Masten und Pfähle herstellen. Aus dem Harz werden Terpentinöl und Kolophonium gewonnen.

Aleppo-Kiefer
(Pinus halepensis)

Dieser immergrüne Baum ist im Mittelmeergebiet zu Hause und gedeiht am besten in trockenen und warmen Küstengebieten, auf Hügeln und Bergen. Er wächst sowohl auf Kalk als auch auf felsigem Untergrund und wird deshalb häufig angepflanzt, um die Erosion des Bodens zu verhindern oder um Schutz vor starkem Wind zu geben. Er wird nur bis 20 m hoch.
Krone: bei jungen Bäumen schmal-kegelförmig, später weit ausgebreitet und stark gewölbt.
Rinde: rotbraun, tief zerrissen.
Zweige: schlank, gelblich bis grünbraun.
Knospen: 1 cm lang, walzenförmig, rotbraun, kahl.
Nadeln: 9–15 cm lang, gewöhnlich zu zweit zusammenstehend, schlank und biegsam, hellgrün.
Zapfen: 5–12 cm lang, eiförmig, zugespitzt, rötlichbraun, an einem kurzen, nach unten gebogenen Zweig stehend, lange Zeit am Baum bleibend.
Verwendung: Das harzreiche Holz wird häufig in der Bauindustrie gebraucht, eignet sich aber auch zum Möbelbau. Die Rinde der Stämme wird angeschnitten, um das Harz zu gewinnen, aus dem Terpentinöl hergestellt wird oder das man zum Würzen von Wein nimmt.

Pinie   *(Pinus pinea)*

Dieser immergrüne Baum ist im westlichen Mittelmeergebiet heimisch, er wird aber seit langem auch in anderen Ländern Südeuropas angepflanzt und erreicht eine Höhe bis 30 m.
Krone: wie ein Regenschirm, mit weit abstehenden, nach allen Seiten gerichteten Ästen, die nur am oberen Teil des Stammes zusammenstehen. Der Baum gibt der

Landschaft ein unverwechselbares Gepräge.
Rinde: rotbraun oder orangebraun, tief in große Schuppen zerreißend.
Zweige: fahl graugrün, auffallend gebogen.
Knospen: rotbraun, mit stark zerrissenen, weißlichen Schuppen, die nach außen gebogen sind.
Nadeln: 10–20 cm lang, zu zweit zusammenstehend, dunkelgrün bis graugrün, spitz und stechend.

Aleppo-Kiefer

reife Zapfen

Links: Der Stamm der Aleppo-Kiefer wird angeritzt, so daß das Harz in den darunterstehenden Topf rinnt.

Zapfen: 10–15 cm lang und 8–10 cm breit, auffallend groß, eiförmig bis fast kugelförmig, glänzend braun, die einzelnen Schuppen groß, abgerundet, mit einem großen Nabel. Die Samen haben keine Flügel und sind eßbar.

Verwendung: Die ölreichen Samen (Pinienkerne) werden roh oder geröstet gegessen oder zum Würzen verwendet. Das Holz findet bei der Möbelherstellung und als Bauholz Verwendung.

Pinie

reifer Zapfen

Strand-Kiefer
(Pinus pinaster)

Strand-Kiefer

reifer Zapfen

Dieser immergrüne, bis 30 m hohe Baum ist im mittleren und westlichen Mittelmeergebiet zu Hause. Er wächst am besten in Küstenregionen mit leichten, trokkenen Böden. Deshalb wird er in Südeuropa zur Befestigung von Dünen angepflanzt.

Krone: kegelförmig, mit weit abstehenden Ästen, die auch bei älteren Bäumen im unteren Teil des Stammes stehen bleiben.

Rinde: rotbraun, später dunkelbraun, tief eingerissen.

Zweige: kahl, rötlichbraun.

Knospen: glänzend, rotbraun, ohne Harzüberzug, mit fransenförmigen Schuppen.

Zapfen: bis 22 cm lang, lang-eiförmig und zugespitzt, glänzend, hellbraun, lange Zeit an den Ästen stehenbleibend, die einzelnen Schuppen mit einer abstehenden Spitze.

Verwendung: Das Holz wird zur Herstellung von Masten und Papier sowie als Bauholz verwendet. Die Stämme werden zur Harzgewinnung angezapft. Das Harz wird vorwiegend zu Terpentinöl verarbeitet.

Douglasfichte
(Pseudotsuga menziesii)

Dieser immergrüne, schnellwüchsige Baum ist an der Westküste Nordamerikas zu Hause, wo er bis 100 m hoch wird. Bei uns pflanzt man ihn häufig in großen Parks und als Waldbaum an. Als Zierbaum in Gärten ist er jedoch ungeeignet, weil er auch hier über 50 m hoch wird. Er kann mit der Weiß-Tanne verwechselt werden, hat aber ganz andere Zapfen.

Krone: kegelförmig, erst bei alten Bäumen abgeflacht und gewölbt.

Rinde: dunkelgrün, bei jungen Bäumen mit vielen Harzdrüsen, später dunkelbraun und korkartig, tief zerrissen.

Zweige: hellgrün bis gelblichgrün, dicht und fein behaart.

Knospen: bis 8 mm lang, langgestreckt und spitz, hellbraun, ohne Harzüberzug.

Nadeln: 2–3 cm lang, flach, weich und biegsam, beiderseits grün, ohne helle Wachsstreifen auf der Unterseite, mit einer kleinen ovalen Platte am Zweig festsitzend.

Zapfen: 5–8 cm lang, ca. 2,5 cm breit, eiförmig, dunkelbraun, zur Reifezeit herabhängend, mit weit aus dem Zapfen herausragenden Schuppen.

Verwendung: Das feste, widerstandsfähige Holz hat einen rotbraunen Kern und einen hellbraunen Splint. Es wird zur Herstellung von Masten, Pfosten und Papier verwendet, außerdem spielt es in der Möbelindustrie und als Bauholz eine große Rolle.

Ein Bestand von Douglasfichten. Von den dicken, hohen Stämmen sind die unteren Äste abgefallen, weil sie kein Licht erhielten.

junger Zapfen

männlicher Blütenstand

reifer Zapfen

Douglasfichte

32

Westamerikanische Hemlockstanne *(Tsuga heterophylla)*

Rinde der Westamerikanischen Hemlockstanne

Westamerikanische Hemlockstanne

unreifer Zapfen

Dieser immergrüne, schnellwüchsige Baum ist an der Westküste Nordamerikas heimisch und kann hier bis 70 m hoch werden. Bei uns wird er selten angepflanzt. Er braucht zum Wachstum den Schatten hoher Bäume und wird unter günstigen Umständen bei uns bis 50 m hoch.

Krone: breit-kegelförmig, mit einem spitzen Gipfeltrieb, der meist etwas überhängt, auch die Enden der weit ausladenden Äste sind nach unten gebogen.

Rinde: bei jungen Bäumen glatt und braun, später dunkelbraun und tief zerrissen.

Zweige: kantig, gelbbraun, dicht und lang behaart.

Knospen: klein und kugelförmig.

Nadeln: 0,5 – 1,5 cm lang, am oberen Ende abgerundet, flach, biegsam, aromatisch duftend, auf der Oberseite glänzend, dunkelgrün, unterseits mit 2 weißen Wachsstreifen, kurz und deutlich gestielt, mit einer kleinen kreisförmigen Platte an den Zweigen festsitzend.

Zapfen: 2 – 3 cm lang, eiförmig, mit glatten, abgerundeten Schuppen, anfangs hellgrün, später hellbraun.

Verwendung: Das fein gemusterte, hellgelbe Holz wird in Amerika zur Papier- und Möbelherstellung, aber auch als Bauholz benutzt.

Kanadische Hemlockstanne
(Tsuga canadensis)

Dieser Baum ist mit der vorigen Art eng verwandt und ihr sehr ähnlich. Er ist aber im östlichen Teil Nordamerikas zu Hause, und sein Holz ist weniger wertvoll. Bei uns wird er nur selten angepflanzt und erreicht dann bis 30 m Höhe. Er läßt sich an folgenden Merkmalen erkennen:

Krone: breit-kegelförmig.

Knospen: eiförmig, grün, am oberen Ende braun.

Zapfen: 1,5 – 2 cm lang, schmal.

Sumpfzypressengewächse *(Taxodiaceae)*

Vor vielen Millionen Jahren war diese Familie artenreich und weit verbreitet. Heute kommt sie nur noch in Nordamerika und Mexiko, in Ostasien und auf Tasmanien vor. Bis auf 15 Arten sind alle anderen ausgestorben. Sie haben schuppenförmige oder nadelförmige Blätter und lederige Zapfen.

Japanische Sicheltanne
(Cryptomeria japonica)

Dieser immergrüne Baum ist in Japan zu Hause und wird bei uns seit mehr als 100 Jahren in Parks und großen Gärten angepflanzt. Er braucht ein mildes Klima und wird dann bis etwa 40 m hoch, in seiner Heimat dagegen bis 50 m.

Krone: schmal, kegelförmig, am Gipfel abgerundet, mit weit abstehenden Ästen und aufwärts gerichteten Zweigen.

Rinde: dick und weich, rötlichbraun, tief zerrissen und in großen Stücken abreißend.

Nadeln: bis 1,5 cm lang, schmal und spitz, in 5 Reihen an den Zweigen angeordnet und auffallend sichelförmig gebogen (Name!), gelbgrün bis dunkelgrün, im Winter oft violett überlaufen.

Zapfen: fast kugelförmig und 2–3 cm im Durchmesser, dunkelbraun, an den Enden der Zweige stehend, die einzelnen Schuppen mit einer stark gebogenen Spitze und 3–5 kammartig angeordneten Stacheln.

Urwelt-Mammutbaum
(Metasequoia glyptostroboides)

Dieser sommergrüne Baum ist seit langer Zeit bekannt, allerdings nur aus Versteinerungen! Man hielt ihn für längst ausgestorben, bis im Jahre 1941 in Südwestchina lebende Exemplare gefunden wurden. In den Provinzen Szetschuan und Hupeh sind sie auch heute noch in kleinen Gebieten vorhanden. Der Baum gedeiht auch in unserem Klima sehr gut, und man findet ihn nicht nur als »lebendes Fossil« in Botanischen Gärten und in Parks, sondern auch schon hin und wieder in Wäldern. In China wird er bis 35 m hoch, bei uns etwa 15–20 m.

Japanische
Sicheltanne

reifer
Zapfen

Krone: kegelförmig, mit abstehenden Ästen.

Rinde: rötlichbraun, später dunkelbraun, in langen, zähen Streifen abreißend.

Nadeln: 2−4 cm lang, dünn und flach, in 2 Reihen an den grünen, mit ihnen zusammen abfallenden, 10−12 cm langen Zweigen angeordnet. Im Frühjahr sind die Nadeln hellgrün und weich, später färben sie sich etwas dunkler und werden im ganzen fester; im Herbst färben sie sich zuerst goldgelb, und später kommt immer mehr eine rötliche Färbung hervor, bis sie im November abfallen.

Zapfen: fast kugelförmig und bis 2,5 cm im Durchmesser, grün bis braungrün, einzeln an etwa 5 cm langen Stielen herabhängend.

Immergrüner Mammutbaum
(Sequoia sempervirens)

Dieser mächtige Baum ist in Nordamerika zu Hause und wächst wild nur in einem schmalen Küstenstreifen vom südlichen Oregon bis nach Kalifornien. Er wird von allen Koniferen am höchsten, im Durchschnitt 110 m hoch, das höchst bisher vermessene Exemplar sogar 121 m, bei einem Stammumfang von 20 m. Um diese riesigen Maße zu erreichen, braucht der Baum etwa 2000 Jahre. Bei uns wird diese Art 40 m hoch und braucht dazu etwa 100 Jahre. In Amerika sind Mammutbäume auch wirtschaftlich wichtig, während sie bei uns nur als Zierbäume angepflanzt werden.

Krone: säulenförmig, mit abstehenden oder abwärts gerichteten Ästen.

Rinde: 15−25 cm dick, rötlichbraun, später dunkelbraun, weich und tief zerrissen.

Zweige: grün, kahl, dicht von schuppenförmigen Nadeln bedeckt.

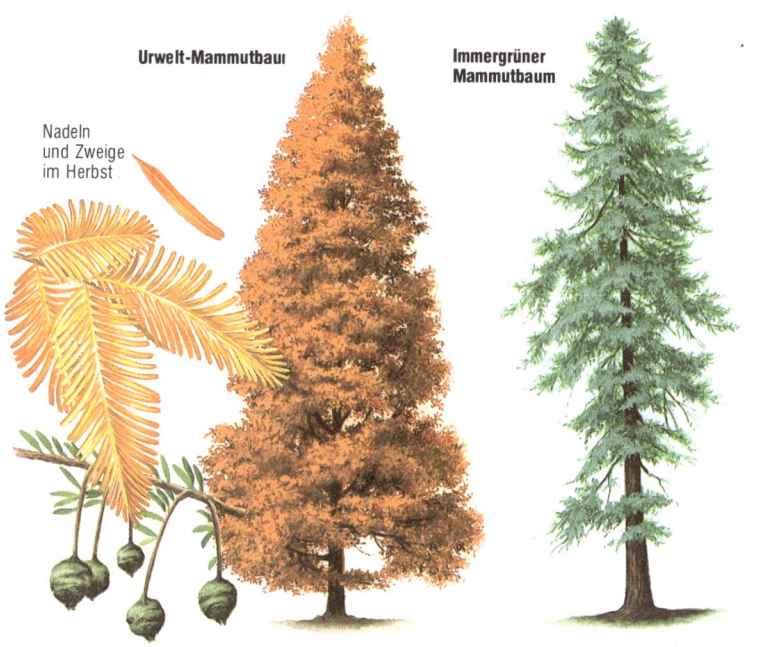

Urwelt-Mammutbaum

Immergrüner Mammutbaum

Nadeln und Zweige im Herbst

junge Zapfen

Immergrüner Mammutbaum

reifer Zapfen

Knospen: kurz, von Schuppen bedeckt.
Nadeln: an den Seitenzweigen 1−2 cm lang, in 2 Reihen angeordnet, flach, schmal und zugespitzt, oberseits dunkelgrün, auf der Unterseite mit 2 weißen Streifen, an den Zweigen nur 6 mm lang und schuppenförmig.
Zapfen: 2−2,5 cm lang, kugelförmig bis eiförmig, fest, im ersten Jahr reif, mit we-

Links: Der immergrüne Mammutbaum wird durchschnittlich 110 m hoch.
Unten: Der Echte Mammutbaum hat von allen Bäumen den dicksten Stamm. Seine 20−50 cm dicke Rinde ist so weich, daß man dagegen schlagen kann, ohne sich weh zu tun.

nigen, lederigen Schuppen, die in großem Abstand an den Zapfenspindeln stehen, und geflügelten Samen.
Verwendung: Das wertvolle Holz hat einen rotgefärbten Kern und einen gelblich gefärbten Splint. Es ist fest und weich und wird zur Herstellung von Furnieren und Möbeln genommen. Auch als Bauholz wird es geschätzt, da es termitenfest und lange Zeit haltbar ist.

Echter Mammutbaum
(Sequoiadendron giganteum)

Dieser Baum ist zwar nicht der höchste, aber der mächtigste von allen Bäumen. Er ist in Nordamerika zu Hause und wächst am Westhange der Sierra Nevada in einer Höhe von 1500−2000 m ü. d. M. Zwar wird der Baum »nur« 80−90 m hoch (einzelne Exemplare bis 110 m), aber der Stamm hat einen Umfang von mehr als 30 m. Solche Bäume sind mehr als 3000 Jahre alt. Bei uns wird die Art als Zierbaum angepflanzt und nur bis 50 m hoch.
Krone: schmal, säulenförmig, der untere Teil des Stammes astlos.
Rinde: 20−50 cm dick, rotbraun, weich und schwammig, mit zunehmendem Alter dunkler und tief zerreißend.
Nadeln: 3−10 mm lang, schuppenförmig, spiralig angeordnet, wenig von den Zweigen abstehend, blaugrün, spitz.

Zapfen: 5–8 cm lang, fast kugelförmig bis eiförmig, kurz gestielt, von den Enden der Zweige herabhängend, mit wenigen großen, lederigen Schuppen, im zweiten Jahr reif.

Verwendung: Das verhältnismäßig weiche Holz ist leicht zu bearbeiten, ist aber weniger wertvoll als das des Immergrünen Mammutbaumes. Es wird zur Herstellung von Schindeln und Pfosten sowie als Bauholz gebraucht. Aus einem einzigen Baum könnte man 300 Holzhäuser bauen.

Echter Mammutbaum

Zweig und reifer Zapfen

Zypressengewächse *(Cupressaceae)*

Mit über 130 Arten gehört diese Familie zu den artenreichsten der Koniferen. Sie umfaßt ausnahmslos immergrüne Bäume, die in den kühlgemäßigten Zonen beider Erdhälften und in den Gebirgen der Tropen und Subtropen verbreitet sind. Viele Arten haben 2 verschiedene Blattformen: nadelförmige Jugendblätter und später schuppenförmige Blätter. Die Zapfen sind holzig, nur beim Wacholder beerenartig.

Lawsons Scheinzypresse *(Chamaecyparis lawsoniana)*

Dieser immergrüne Baum ist an der Westküste Nordamerikas zu Hause und wächst wild im Nordwesten Kaliforniens und in Oregon. Seit etwa 1850 wird er kultiviert und ist heute in vielen Formen auch bei uns in Gärten, Parks und Anlagen zu finden. In Nordamerika wird er bis 60 m hoch und zuweilen seines Holzes wegen angepflanzt, bei uns erreicht er eine Höhe von 35 m.

Krone: schmal-kegelförmig, mit abstehenden Ästen und überhängendem Gipfeltrieb.

Rinde: glatt, graubraun und glänzend, mit zunehmendem Alter rotbraun und zerreißend.

Nadeln: dreieckig, schuppenförmig, zweizeilig angeordnet, den Zweigen dicht anliegend, bei der Wildform glänzend und grün, bei den zahlreichen Gartenformen aber auch graugrün, stahlblau und gelbgrün bis silbergrün.

Zapfen: 6–8 mm im Durchmesser, fast kugelförmig, anfangs grün, später dunkelbraun und verholzend, mit geflügelten Samen, an der Spitze der jungen Zweige stehend, aus wenigen Schuppen zusammengesetzt, die in der Mitte des Schildes eine kurze Spitze haben.

Verwendung: Das Holz hat einen bräunlichen Kern und einen helleren Splint. Es ist leicht und wird zur Herstellung von Kisten und Möbeln verwendet.

**Lawsons
Scheinzypresse**

reifer
Zapfen

junger
Zapfen

*verschiedene
Sorten der
Lawsons Schein-
zypresse
in einem Garten*

Leylands-Zypresse
(x Cupressocyparis leylandii)

Dieser immergrüne Baum wurde zum ersten Mal 1858 von C. J. Leyland gezüchtet
und ist eine Hybride zwischen der Hän-
ge-Scheinzypresse *(Chamaecyparis
nootkaensis)* und der Monterey-Zypresse
(Cupressus macrocarpa). Seitdem wurde
er von den Gärtnern weiter kultiviert, und
es gibt heute eine ganze Reihe von Formen, die auch bei uns angepflanzt werden. Sie erreichen Höhen bis 30 m und
werden durch Stecklinge vermehrt.
Krone: schmal-kegelförmig, mit schmalem, aufrechtem Gipfeltrieb.
Rinde: dunkel rotbraun, mit wenigen tiefen Rissen.
Nadeln: schuppenförmig, in zwei Zeilen
dicht an den flachen Zweigen stehend, je
nach Sorte in verschiedenen Farben, z. B.
graugrün oder blaugrün.
Zapfen: bis 1,5 cm im Durchmesser, kugelförmig, zuerst grün, dann graugrün,
zuletzt schokoladenbraun und hart.

**Leylands-
Zypresse**

39

Monterey-Zypresse
(Cupressus macrocarpa)

Dieser immergrüne, schnellwüchsige Baum ist in Kalifornien zu Hause und wird in Süd- und Westeuropa häufig angepflanzt. Er ist nicht nur ein dekorativer Zierbaum, sondern hat auch ein wertvolles Holz und kann an der Küste angebaut werden, da er Salz verträgt. Dort wird er knapp 40 m hoch.

Krone: säulenförmig, mit schmalem Gipfeltrieb, im Alter breiter.

Rinde: braun, gerippt, später graubraun und bei alten Bäumen tief eingerissen.

Nadeln: 1–2 mm lang, schuppenförmig, am oberen Ende abgerundet, glänzend, grün bis dunkelgrün mit helleren Rändern, den Zweigen eng anliegend, beim Zerreiben etwas nach Zitrone duftend.

Zapfen: zuerst etwa 6 mm lang, eiförmig und grün, später 3–4 cm lang, kurz walzenförmig, mit wenigen rundlichen Schuppen, die in der Mitte des Schildes eine kurze Spitze haben; kurzgestielt an den Zweigen hängen.

Portugal-Zypresse

reifer Zapfen

Portugal-Zypresse
(Cupressus lusitanica)

Dieser immergrüne Baum wird in Südeuropa nicht selten als Zierbaum angepflanzt und erreicht hier eine Höhe von 30 m.

Monterey-Zypresse

unreifer Zapfen

Krone: kegelförmig, bei älteren Bäumen flacht sich der Gipfel ab.
Rinde: braun, in langen Streifen abreißend.
Nadeln: schuppenförmig, schmal und spitz, den Zweigen eng anliegend, dunkelgrün, beim Zerreiben nach Harz riechend.
Zapfen: 1,5 cm im Durchmesser, kugelförmig, zuerst blaugrün, später dunkel braunrot, aus wenigen Schuppen bestehend, die in der Mitte des Schildchens eine Spitze tragen.

Echte Zypresse

unreifer Zapfen

Echte Zypresse
(Cupressus sempervirens)

Dieser ansehnliche, immergrüne Baum ist im östlichen Mittelmeergebiet zu Hause und wird seit mehr als 2000 Jahren auch in Italien angepflanzt. Heute findet man ihn dort überall in Gärten, Anlagen und auf Friedhöfen. Er wird bis 25 m hoch.
Krone: schmal-säulenförmig oder pyramidenförmig, mit spitz zulaufendem auf-

rechtem Gipfeltrieb und aufrechten bis aufrecht-abstehenden Ästen.
Rinde: braungrau, mit wenig tiefen Rissen.
Nadeln: schuppenförmig, 1 mm lang, dreieckig, spitz, dunkelgrün, in mehreren Reihen an den vierkantigen Zweigen stehend.
Zapfen: 3–4 cm im Durchmesser, kugelförmig, zuerst grün, später rotbraun, zuletzt grau überlaufen, aus wenigen Schuppen zusammengesetzt, mit einer kurzen Spitze in der Mitte jedes Schildes.
Verwendung: Das Holz ist hart, widerstandsfähig und hat einen aromatischen Duft nach Harz. Man nimmt es zur Herstellung von Kästen und Möbeln.

Dieser schlanke, säulenförmig wachsende Baum gibt der Landschaft ein ganz typisches Gepräge. Leider läßt er sich bei uns nicht anpflanzen, denn er braucht ein warmes Klima mit frostfreiem Winter.

41

Gemeiner Wacholder
(Juniperus communis)

Dieser immergrüne Baum ist von allen Koniferen am weitesten verbreitet. Er ist in Europa, Nordafrika und den nördlichen Teilen Asiens und Nordamerikas zu Hause und kommt selbst auf Grönland wild vor. Er ist außerordentlich anpassungsfähig und wird bis 6 m hoch.

Krone: schmal-säulenförmig, aber auch flach-ausgebreitet.

Rinde: rötlichbraun, in langen faserigen Streifen abreißend.

Nadeln: etwa 1 cm lang, pfriemlich, spitz und stechend, in Quirlen zu dritt zusammenstehend, blaugrün auf der Oberseite, unterseits dunkelgrün.

Männliche und weibliche Blüten stehen an verschiedenen Bäumen. Die männlichen Blüten sind gelb und wenig auffällig.

Zapfen: 6–9 mm im Durchmesser, kugelförmig, beerenartig, zuerst grün, später blaugrün, zuletzt dunkelblau und grau bereift, im Verlaufe von 2 Jahren heranwachsend.

Verwendung: Die reifen Zapfen werden zum Würzen verschiedener Schnäpse verwendet, z. B. von Genever, Steinhäger

Jugend-
blätter

**Chinesischer
Wacholder**

Chinesischer Wacholder
(Juniperus chinensis)

Dieser immergrüne Baum ist in Japan und China heimisch. Er wird seit 200 Jahren in Gärten kultiviert und auch bei uns häufig als Zierbaum angepflanzt. Hier wird er 1,5–18 m hoch.

Krone: schmal und kegelförmig, mit zunehmendem Alter aber vielstämmig und ausgebreitet.

Rinde: dunkelbraun, in langen Streifen abblätternd.

Nadeln: Jugendblätter nadelförmig, spitz, auf der Oberseite graublau, weit von den jungen Zweigen abstehend, die älteren schuppenförmig, dunkelgrün, an den Rändern heller, den Zweigen dicht anliegend. Bei den Gartenformen können die Nadeln sehr verschieden gefärbt sein, z. B. goldgelb, blaugrün oder leuchtend gelb.

Zapfen: 6–8 mm im Durchmesser, kugelförmig, beerenartig, zuerst grün, später blaugrau, im 2. Jahr reifend.

Gemeiner Wacholder

reife beerenartige
Zapfen

und Gin, außerdem dienen sie als Speisegewürz. Das Holz ist haltbar und zäh, es hat einen rotbraunen Kern, einen gelbweißen Splint und einen aromatischen Geruch. Es wird für feine Holzarbeiten verwendet. Verbrennende Späne dienen zum Räuchern von Fleischwaren und Fischen.

Baum-Wacholder
(Juniperus oxycedrus)

Dieser immergrüne Baum ist im Mittelmeergebiet zu Hause und wächst vor allem an den Küsten, auf trockenen Hügeln, felsigem Untergrund, aber auch in Wäldern. Er wird bis 8 m hoch.
Krone: breit-kegelförmig, mehrstämmig und dicht verzweigt.
Nadeln: etwa 15 mm lang, spitz oder schmal-abgerundet, grün, auf der Oberseite mit 2 hellen Streifen.
Zapfen: 6–10 mm im Durchmesser, kugelförmig, beerenartig, zuerst grün, später gelblich, zuletzt gelblichrot oder rötlich, im Verlaufe von 2 Jahren reifend.
Verwendung: Aus dem Holz wird ein Öl gewonnen, das in der Heilkunde verwen-

Virginischer Sadebaum

älterer Zweig und reife Zapfen

det wird. Das Holz ist sehr hart, widerstandsfähig und hat einen aromatischen Geruch, es wird zu Holzkohle verarbeitet.

Virginischer Sadebaum
(Juniperus virginiana)

Dieser immergrüne Baum ist in den USA von Florida bis Alabama heimisch. In Europa wird er seit mehr als 300 Jahren in Gärten und Parks angepflanzt und in vielen Formen kultiviert. In seiner Heimat wird er bis 30 m hoch, bei uns 12–20 m.
Krone: kegelförmig, im Alter flach und ausgebreitet.
Rinde: rotbraun und streifig.
Nadeln: an jungen Zweigen nadelförmig, 5–6 mm lang, spitz, an älteren Zweigen schuppenförmig, etwa 1,2 mm lang, spitz und anliegend.
Zapfen: 6 mm lang, blaugrün, im ersten Jahr reifend.
Verwendung: Das Holz wird zu Möbeln, Bleistiften und Zigarrenkisten verarbeitet; das aus ihm gewonnene Öl dient zur Herstellung von Insektensprays, Parfüm und Seifen.

Baum-Wacholder

reife Zapfen

43

Abendländischer Lebensbaum
(Thuja occidentalis)

Abendländischer Lebensbaum

Riesen-Lebensbaum

reifer Zapfen

reifer Zapfen

Abendländischer Lebensbaum

Dieser immergrüne Baum ist im Osten Nordamerikas zu Hause und wird bei uns in Gärten und Parks angepflanzt. Er erreicht bis 20 m Höhe. Der Lebensbaum kann mit der Zypresse und der Scheinzypresse verwechselt werden, hat aber ganz andere Zapfen.

Krone: schmal-kegelförmig, mit aufrechtem Gipfeltrieb, später ausgebreitet und unregelmäßig.

Rinde: orangebraun, dick und faserig, mit tiefen Längsrissen.

Nadeln: schuppenförmig, spitz, flach, 2zeilig, den Zweigen eng anliegend, auf der Oberseite gelbgrün bis dunkelgrün, unterseits gelblichgrün.

Zapfen: 8 mm lang, aus 8–10 braunen, dünnen Schuppen zusammengesetzt.

Riesen-Lebensbaum
(Thuja plicata)

Dieser immergrüne Baum ist an der Westküste Nordamerikas heimisch, von dort wurde er 1850 nach Europa gebracht und wird seither in großen Gärten, Parks und Anlagen angepflanzt. Bei uns wird er etwa 20 m hoch, in seiner Heimat bis 60 m.

Krone: schmal-kegelförmig, mit spitzem, aufrechtem Gipfeltrieb und weit abstehenden Ästen.

Rinde: rötlichbraun und faserig, später graubraun und in langen Streifen abreißend.

Nadeln: schuppenförmig, schmal, dreieckig und spitz, zweireihig angeordnet und den flachen Zweigen anliegend, oberseits dunkelgrün, auf der Unterseite graugrün bis hellgrün.

Zapfen: 1,5 cm lang, eiförmig, braun, lederig, aus 10–12 dünnen, biegsamen, zur Reifezeit weit abstehenden Schuppen zusammengesetzt, ungestielt an der Spitze der jungen Zweige stehend.

Verwendung: Das wertvolle Holz ist leicht und zäh, es hat einen hellbraunen Kern und einen gelblichen Splint. Seiner Widerstandsfähigkeit und Haltbarkeit wegen ist es das ideale Bauholz, z. B. für Zäune und Masten.

Riesen-Lebensbaum

Eibengewächse
(Taxaceae)

Eibe *(Taxus baccata)*

Dieser immergrüne Baum ist in ganz Europa, in Algerien und vom Kaukasus bis zum Himalaja zu Hause. Die Eibe ist die einzige Art der 15 Arten umfassenden Familie, die bei uns vorkommt. Sie kann über 1000 Jahre alt werden und erreicht eine Höhe von 25 m. Weibliche und männliche Blüten stehen an verschiedenen Bäumen. Alle Teile – mit Ausnahme des roten Samenmantels – sind giftig.

Krone: pyramidenförmig oder breit-abgerundet, dicht verzweigt, mit weit abstehenden Ästen.

Rinde: rötlichbraun, später graubraun, in dünnen Schuppen abreißend, im Alter tief zerrissen.

Nadeln: 1–4 cm lang, etwa 2 mm breit, flach, weich, auf der Oberseite dunkelgrün und glänzend, unterseits heller, in 2 Rei-

Eibe

reife, beerenartige Zapfen

Rinde der Eibe

hen an den Zweigen angeordnet, mehrere Jahre ausdauernd.

Zapfen: etwa 1 cm lang, kugelförmig, beerenartig; der harte Samen ist von einem zuerst grünen, dann leuchtend roten, saftigen Samenmantel umgeben, der gern von Vögeln gefressen wird.

Verwendung: Das harte und elastische Holz hat einen dunklen, rotbraunen Kern und einen dünnen, gelblichweißen Splint und enthält kein Harz. Im Mittelalter wurden daraus Bögen und Armbrüste hergestellt, heute wird es zu Möbeln verarbeitet.

Chilenische Araukarie

reifer Zapfen

Zweig mit spiralig gestellten Nadeln

Araukariengewächse
(Araucariaceae)

Chilenische Araukarie
(Araucaria araucana)

Dieser immergrüne Baum ist in Argentinien und Chile zu Hause und wird in den wärmeren Teilen Westeuropas und Englands hin und wieder als Zierbaum angepflanzt. Sowohl in der Wuchsform als auch in der Form und Größe seiner Nadeln unterscheidet er sich sehr auffällig von allen anderen Koniferen. In seiner Heimat wird er bis 30 m hoch, in Kultur bleibt er wesentlich kleiner.

Krone: breit-pyramidenförmig, später unregelmäßig, mit weit abstehenden, locker angeordneten Ästen.

Rinde: graubraun und glatt.

Nadeln: 3–4 cm lang, breit-dreieckig, spitz und stechend, ledrig, rings um die Zweige angeordnet und einander überdeckend.

Männliche und weibliche Blüten auf verschiedenen Bäumen.

Zapfen: etwa 15 cm im Durchmesser, fast kugelförmig, grün, mit zahlreichen Schuppen und goldgelb gefärbten Stacheln, am Baum zerfallend. Die Samen enthalten ein mehliges Nährgewebe und können roh oder geröstet gegessen werden. Für die Indianer Südamerikas sind sie ein wichtiges Nahrungsmittel. Die Stämme werden vor allem als Bauholz verwendet.

Palmen *(Palmae)*

Diese Pflanzenfamilie umfaßt
mehr als 3400 Arten und ist
in den Tropen und Subtropen
der ganzen Welt weit verbreitet.
Palmen unterscheiden sich von
allen anderen Bäumen dadurch,
daß ihr Stamm nicht mit zunehmendem Alter immer dicker
wird, sondern vielmehr schon
bei der ersten Entwicklung die
endgültige Dicke hat. Wenn
ein Palmenstamm sehr dick er-
scheint, so bewirken das die
abgestorbenen Blätter, die ihn
mit den Resten der Blattstiele
umgeben. Palmen haben sehr
große gefiederte oder gefächerte
Blätter, die nur am oberen
Stammende stehen.

*Hanfpalme (links) und Kanarische
Dattelpalme (rechts) werden im Mittelmeergebiet oft angepflanzt.*

Kanarische Dattel-palme
(Phoenix canariensis)

Diese Palme ist auf den Kanarischen Inseln zu Hause und wird in den Mittelmeer-
ländern als Straßenbaum angepflanzt. Sie
wird hier 6 – 12 m hoch, wächst aber sehr
langsam. Ihr schlanker Stamm ist dicht
von den Resten der alten Blattstiele bedeckt und wirkt deshalb sehr gedrungen.
Am oberen Stammende stehen zahlreiche
große Fiederblätter zusammen, die sichel-
artig gebogen sind.
Blüten: klein und gelblich, in großen Blütenständen zusammenstehend.
Frucht: 1,5 cm im Durchmesser, klein,
trocken, nicht eßbar.

Hanfpalme
(Trachycarpus excelsus)

Diese Fächerpalme ist in Japan und Süd-
china zu Hause, sie wird überall in Gebieten mit warmem Klima als Zierbaum angepflanzt und ist auch im Mittelmeergebiet
zu finden. Ihr Stamm ist dicht mit den Resten alter Blattstiele und mit langen, braunen Fasern besetzt. Der Baum wird bis
10 m hoch.
Blätter: Der große Fächer ist aus 50 – 60
langen, schmalen, spitzen Streifen zusammengesetzt, der Blattstiel ist stachelig.

Hanf-
palme

47

Blüten: gelblich und sehr klein, in großen, etwa 60 cm langen Blütenständen angeordnet, die männlichen und weiblichen in verschiedenen Blütenständen.
Frucht: 1–1,5 cm im Durchmesser, kugelförmig, bläulichschwarz gefärbt.

Zwerg-Palme
(Chamaerops humilis)

Diese Fächerpalme ist die einzige Art, die auf dem europäischen Kontinent heimisch ist. Sie kommt heute wild in Süditalien und Südspanien, aber auch in Westafrika vor. Sie wächst in dichten Büscheln und erreicht nur selten eine Höhe von 4–5 m.
Blätter: Der Fächer ist aus 12–15 steifen, schmalen, spitzen Streifen zusammengesetzt, der lange Blattstiel ist stachelig.
Blüten: sehr klein und gelb, in dichten Blütenständen angeordnet, die zuerst von einem rot gefärbten Hochblatt eingehüllt sind.
Frucht: 2 cm im Durchmesser, gelblichbraun, kugelförmig.

Der Stamm der Zwerg-Palme ist dicht von zerfasernden alten Blattstielen bedeckt

Zwerg-Palme
mit Blütenständen

48

Weidengewächse *(Salicaceae)*

Zu dieser Familie, die etwa 350
Arten umfaßt, gehören die Weiden und die Pappeln. Alle Arten
sind Holzgewächse mit sommergrünen Blättern. Die männlichen
und weiblichen Blüten stehen
in verschiedenen Blütenständen
zusammen, die man Kätzchen
nennt. Die Frucht ist eine Kapsel
mit vielen behaarten Samen.

Baum im
Winter

Silber-Pappel

Blattunterseite

männliche
Kätzchen

weibliche
Kätzchen

Silber-Pappel
(Populus alba)

Dieser Baum ist in Mitteleuropa und Asien
zu Hause und wird bei uns häufig als Straßenbaum, aber auch in Parks und Anlagen
angepflanzt. Er wird bis 30 m hoch.
Krone: weit ausgebreitet, stark verzweigt,
mit weit abstehenden Ästen.
Rinde: bei jungen Bäumen glatt und
grauweiß, später zunehmend dunkler und
in Streifen zerreißend.
Zweige und Knospen: dicht weißlich oder
graufilzig behaart.
Blätter: an den Kurztrieben herzförmig bis
eiförmig, gelappt oder fast glatt, 5–9 cm
lang, 5–8 cm breit, ihre Stiele drehrund
und 3–4 cm lang, wie die Blattunterseite
weißlich und filzig behaart.
Männliche und weibliche Kätzchen auf
verschiedenen Bäumen, 4–8 cm lang: die
männlichen sind rosarot, die weiblichen
fahlgrau bis gelblichgrün gefärbt. Die reifen Kapseln haben langbehaarte Samen.

49

Schwarz-Pappel
(Populus nigra)

Dieser Baum ist in ganz Europa heimisch und weit verbreitet. Er wird auch hin und wieder als Straßenbaum und in Anlagen in mehreren Sorten angepflanzt und wird bis 35 m hoch.

Krone: breit, abgerundet, mit aufrecht-abstehenden Ästen und kurzem, kräftigem Stamm.

Rinde: graubraun bis schwärzlich, im Alter tief in breite Abschnitte zerrissen.

Blätter: breit-dreieckig, 5—8 cm lang, 6—8 cm breit, an den Rändern gesägt und durchscheinend, auf der Oberseite dunkelgrün, unterseits heller und gelblichgrün, ihre Stiele 3—4 cm lang, zusammengedrückt. Männliche und weibliche Kätzchen auf verschiedenen Bäumen.

Männliche Kätzchen: 5 cm lang, zuerst grau, später rötlich.

Weibliche Kätzchen: 6—7 cm lang, grauweißlich, die reifen Kapseln mit behaarten Samen.

Verwendung: Das helle, weiche Holz wird zu Kästen und Schnitzereien verarbeitet.

Rinde der Schwarz-Pappel

Pyramiden-Pappel
(Populus nigra var. *italica)*

Diese Form der Schwarz-Pappel ist in Italien entstanden und wird heute weitaus häufiger angepflanzt als die Stammform. Sie wird bis 35 m hoch und aus Stecklingen vermehrt.

Krone: schmal-pyramidenförmig, mit schmalem Gipfel und aufrechten Ästen.

weibliche
Kätzchen

Zitter-Pappel

Blattunterseite

Pyramiden-Pappel

Herbstfärbung

Blätter: 6 cm lang, 4,5 cm breit, dreieckig, am Grunde abgerundet, kurz gezähnelt, hellgrün, ihre Stiele 2,5 cm lang, zusammengedrückt.

Zitter-Pappel
(Populus tremula)

Dieser Baum ist über ganz Europa und in Asien bis nach Japan verbreitet und kommt wild auch in Nordafrika vor. Er wird sehr häufig angepflanzt und wird bis 25 m hoch.

Krone: kegelförmig, später ausgebreitet, unregelmäßig und wenig verzweigt.

Rinde: graugrün und glatt, an alten Bäumen dunkelgrau und tief zerrissen.

Knospen: rotbraun, glatt, spitz, nicht klebrig.

Blätter: 4–6 cm lang, 5–7 cm breit, fast kreisrund mit bogigen Zähnen, mit 4–6 cm langen, seitlich stark zusammengedrückten Stielen, auf der Oberseite grün, unterseits graugrün; die Blätter der Wasserreiser sind oft herzförmig-dreieckig.

Männliche und weibliche Kätzchen auf verschiedenen Bäumen.

Männliche Kätzchen: rötlichgrau, zur Blütezeit durch die Staubbeutel gelb gefärbt.

Weibliche Kätzchen: 4 cm lang, grünlich, zur Reifezeit weißlich und durch die behaarten Samen stark wollhaarig.

Verwendung: Das fast kernlose Holz wird zu Streichhölzern und Papier verarbeitet.

Silber-Weide *(Salix alba)*

Dieser bis 25 m hohe Baum ist in Mitteleuropa, Nordafrika und Asien heimisch. Er wird sehr häufig an Wegen, in Parks, Anlagen und Gärten angepflanzt und in vielen Sorten kultiviert.

Krone: pyramidenförmig, später unregelmäßig und weit ausgebreitet, bei einer bestimmten Form, der Trauer-Weide, mit peitschenförmigen, herabhängenden Zweigen.

Rinde: dunkelgrau, später tief zerrissen.

Zweige: rötlichgrau bis grünbraun, schlank, kurz behaart.

Knospen: rötlich, behaart.

Blätter: 7–8 cm lang, schmal, zugespitzt, gesägt, blaugrau, behaart. Männliche und weibliche Kätzchen auf verschiedenen Bäumen.

weibliche Kätzchen zur Reifezeit

Silber-Weide

natürliche Verbreitung der Silber-Weide

Männliche Kätzchen: 4–6 cm lang, mit 2 Staubgefäßen in jeder Blüte.

Weibliche Kätzchen: grün, schlank, zur Reifezeit wollig behaart.

Verwendung: Die Zweige werden zum Flechten von Körben genommen.

Dotter-Weide
(Salix x chrysocoma)

Dieser Baum ist eine Kreuzung von *Salix alba* und *Salix babylonica* und wird als Zierbaum angepflanzt. Er wird etwa 20 m hoch.

Krone: breit und ausladend, die nach unten gebogenen Äste haben peitschenförmig herabhängende Zweige.

Rinde: fahl graubraun, netzförmig zerreißend.

Blätter: 10 cm lang, schmal, zugespitzt, unterseits blaugrau und dicht mit feinen Haaren besetzt.

51

Sal-Weide *(Salix capraea)*

Dieser Baum ist in Europa und in Nordwestasien heimisch und wächst vor allem in feuchten Wäldern, wo er bis 10 m hoch wird. Angepflanzt wird er meist nur 3 m hoch.

Krone: weit ausgebreitet.

Rinde: graugrün und glatt, erst später tief zerreißend.

Zweige: rotbraun und anfangs dicht behaart.

Knospen: 3−4 mm lang, rötlich.

Blätter: 10 cm lang und 6 cm breit, oval, zugespitzt, auf der Oberseite dunkelgrün und kahl, unterseits grauweiß und filzig behaart, später verkahlend, mit rötlichbraunen, behaarten Stielen.

Männliche und weibliche Kätzchen auf verschiedenen Bäumen, lange vor den Blättern erscheinend.

Männliche Kätzchen: bis 3 cm lang, eiförmig, zuerst silberweißlich behaart, später durch die herausragenden Staubbeutel goldgelb gefärbt.

Weibliche Kätzchen: 5−6 cm lang, schlank, fahlgrün mit weißlichen Narben, zur Reifezeit durch die behaarten Samen silberweiß.

Sal-Weide

weibliche Kätzchen zur Reifezeit

männliche Kätzchen mit Staubbeuteln

Bruch-Weide *(Salix fragilis)*

Dieser Baum ist vom östlichen Europa bis Sibirien und Westasien zu Hause. Er kommt bei uns vor allem in feuchten Wäldern vor, wird auch angepflanzt und ist bis 25 m hoch.

Krone: weit ausgebreitet, mit abstehenden Ästen und aufrechten Zweigen.

Rinde: grau und schuppig, später braun und tief zerreißend.

Zweige: grünbraun, bei älteren Bäumen leicht zerbrechend (Name!).

Knospen: braun, schlank, spitz.

Blätter: bis 12 cm lang, schmal, ganzrandig, zugespitzt, oberseits hellgrün, auf der Unterseite graugrün und kahl.

Männliche und weibliche Kätzchen auf verschiedenen Bäumen, sie erscheinen zugleich mit den Blättern und sind schlank und zugespitzt.

Männliche Kätzchen: 2−5 cm lang, gelblich.

Weibliche Kätzchen: 10 cm lang, grün, später durch die reifenden Samen wollhaarig.

Verwendung: Eine Kreuzung zwischen dieser Art und der Silber-Weide wird *Salix alba* var. *coerulea* genannt. Aus ihrem Holz werden Kricketschläger hergestellt.

Bruch-Weide

weibliche Kätzchen

Walnußgewächse *(Juglandaceae)*

Walnußbaum
(Juglans regia)

Dieser sommergrüne Baum ist in Südwesteuropa zu Hause, er wird bei uns aber seit sehr langer Zeit angepflanzt und ist völlig eingebürgert. Er wird bis 30 m hoch.

Krone: weit ausgebreitet, abgerundet.

Rinde: silbergrün, bei älteren Bäumen tief zerrissen.

Knospen: breit und flach, dunkelbraun bis fast schwarz gefärbt.

Blätter: zusammengesetzt; die 5–9 eiförmigen Blättchen sind 6–10 cm lang, ganzrandig, am oberen Ende kurz zugespitzt, lederig und riechen beim Zerreiben sehr aromatisch. Auf der Oberseite sind sie dunkelgrün, unterseits heller.

Männliche Kätzchen: 5–10 cm lang, grün, rötlich überlaufen, in den Blattachseln stehend.

Weibliche Blüten: bis 1 cm lang, gelblichgrün, zu 2–5 an der Spitze diesjähriger Zweige stehend. Aus ihnen entwickelt sich eine Steinfrucht mit grünlicher Hülle und hartem Steinkern mit einem tief gelappten Samen.

Verwendung: Die Samen sind eßbar und sehr ölhaltig. Das Öl wird für feine Ölfarben genommen. Die grünen Fruchtschalen enthalten viele Gerbstoffe und einen starken Farbstoff und spielen bei der Herstellung von Sonnenöl und Holzbeizen eine Rolle. Das wertvolle Holz wird in der Möbelindustrie zu Furnieren verarbeitet.

geöffnete Frucht
(Walnuß)

Steinkern

Geöffneter
Steinkern

Same

Walnußbaum

männliches
Kätzchen

Frucht

einzelnes
Blättchen

Birkengewächse *(Betulaceae)*

Diese Familie umfaßt etwa 120 Arten,
die in der nördlichen gemäßigten
Zone verbreitet sind, einige sind
aber auch in den Anden Südamerikas
zu Hause. Alle Arten sind sommergrüne
Holzgewächse. Die Blüten stehen
in männlichen oder weiblichen Kätzchen
zusammen auf demselben Baum.
Aus den weiblichen Blüten entwickeln
sich kleine, oft geflügelte Nüsse.

Weiß-Birke *(Betula pendula)*

Dieser Baum ist fast in ganz Europa, aber
auch im Kaukasus und bis zur Mongolei
heimisch. Er wächst besonders gut auf
sauren Böden, in Heide- und Moorgebie-
ten und wird bis 30 m hoch.
Krone: kegelförmig, oben abgerundet, mit
abstehenden Ästen und herabhängenden
Zweigen.
Rinde: bei jungen Bäumen goldbraun und
glatt, später weiß, mit dunklen Querleisten
und in dünnen Fetzen abreißend, bei alten
Bäumen dunkel und tief eingeschnitten.
Zweige: mit grauweißen Harzdrüsen besetzt, im übrigen glatt und glänzend.
Knospen: klein und klebrig.
Blätter: 3–7 cm lang, dreieckig, zugespitzt, mit stark gesägten Rändern, grün,
zuerst klebrig, später trocken, im Herbst
goldgelb verfärbt.
Männliche Kätzchen: etwa 3 cm lang, zu
2–4 an der Spitze der Zweige zusammenstehend, herabhängend, gelblich, im Winter klein und rotbraun.
Weibliche Kätzchen: erst im Frühjahr zusammen mit den Blättern erscheinend,
2–3 cm lang, kurz gestielt, walzenförmig
und aus zahlreichen Schuppen zusammengesetzt. Aus ihnen entwickeln sich
viele kleine breit geflügelte Nüßchen, die
im Juli abfallen und vom Wind vertrieben
werden.
Verwendung: Das kernlose Holz ist sehr
hell und wird zu Möbeln verarbeitet. Außerdem stellt man Skier, Werkzeugteile
und Deichseln daraus her. Aus den Zweigen werden Reisigbesen gebunden.

Weiß-Birke

Baum im
Winter

junges
weibliches
Kätzchen

männliches
Kätzchen

weibliches
Kätzchen

geflügelte
Frucht

Herbstfärbung

reifes
weibliches
Kätzchen

Schwarz-Erle
(Alnus glutinosa)

Dieser Baum ist fast überall in Europa, aber auch in Nordafrika, im Kaukasus, in Kleinasien und Sibirien verbreitet. Er wächst vor allem an Bächen und kleinen Flüssen und wird bis 25 m hoch.

Krone: zuerst pyramidenförmig, später breit-abgerundet, mit abstehenden, aber nicht herabhängenden Ästen und Zweigen.

Rinde: grünlichbraun, glatt und glänzend, später dunkler und tief in schmale Streifen zerrissen.

Zweige: glatt, mit vielen Harzdrüsen, später rötlich und etwas klebrig.

Knospen: etwa 7 mm lang, braunviolett und klebrig, auf 3 mm langen Stielen stehend.

Blätter: bis 10 cm lang und 7 cm breit, breit-eiförmig, am oberen Ende abgeschnitten oder etwas eingebuchtet, an den Rändern gesägt, auf der Oberseite dunkelgrün und etwas klebrig, unterseits hellgrün.

Männliche und weibliche Kätzchen im Frühjahr vor den Blättern erscheinend.

Männliche Kätzchen: 5 cm lang, zu 3–5 zusammenstehend, zuerst rötlich, später gelbrot, zuletzt gelblich.

Weibliche Kätzchen: zuerst nur 5–6 mm groß und im Laufe des Sommers zu

männliche Kätzchen

weibliche Kätzchen

junge weibliche Kätzchen

geflügelte Frucht

alte weibliche Kätzchen

blühende männliche Kätzchen

Schwarz-Erle

Schwarz-Erlen wachsen meist am Rande kleiner Gewässer

junge
weibliche
Kätzchen

blühende
männliche
Kätzchen

reife
weibliche
Kätzchen

Grau-Erle

8–15 mm großen, kugelförmigen Gebilden heranwachsend. Im Herbst beginnen die Kätzchen zu verholzen, und die Früchte fallen im nächsten Frühjahr aus.
Verwendung: Das Holz ist zuerst weißgelb, wird aber bald rötlich. Es läßt sich leicht färben und bearbeiten und wird zur Herstellung von Leisten, Drechslerarbeiten, Spielzeug, Bleistiften und Holzschuhen genommen.

Grau-Erle *(Alnus incana)*

Dieser bis 20 m hohe Baum ist vor allem in Ost- und Nordeuropa sowie im Kaukasus verbreitet. Er findet sich bei uns vor allem an Flußufern und felsigen Bergabhängen und ist in manchen Gebieten erst durch den Menschen eingebürgert worden.
Krone: kegelförmig, später breit, mit abstehenden Ästen.
Rinde: grünlichgrau und glatt, später dunkelgrau und tief eingerissen.
Zweige: rötlichbraun, mit einigen Harzdrüsen, kurz behaart, später verkahlend und gelblichgrau.
Knospen: 8 mm lang, purpurn gefärbt, gebogen, auf 2 mm langen Stielen stehend
Blätter: etwa 10 cm lang und 10 cm breit, eiförmig, spitz, am Rande stark gesägt, auf der Oberseite glänzend grün, unterseits grau und dicht filzig behaart.
Männliche Kätzchen: 5–10 cm lang, zu dritt oder viert zusammenstehend.
Weibliche Kätzchen: etwa 1 cm lang, kurz walzenförmig, zu 3–8 zusammenstehend, ungestielt, nach dem Ausfallen der Nüßchen noch lange an den Zweigen verbleibend.

heranwachsende
weibliche
Kätzchen

junge
männliche
Kätzchen

Rinde der Grau-Erle

Hainbuche
(Carpinus betulus)

Dieser bis 30 m hohe Baum ist mit Ausnahme von Spanien und Portugal über ganz Europa verbreitet und wächst auch im Kaukasus und in Kleinasien wild. Er ist ein guter Heckenbildner und wird seines wertvollen Holzes wegen angepflanzt.

Krone: breit und gewölbt, mit weit abstehenden Ästen und Zweigen.

Rinde: hellgrau und glatt, bei alten Bäumen etwas wulstig zerrissen.

Knospen: schlank, spitz, hellbraun, schwach gebogen, nach oben gerichtet.

Blätter: 8−10 cm lang, 5−6 cm breit, eiförmig, spitz, am Rande doppelt gesägt, mit etwa 15 Paaren stark hervortretender Nerven, oberseits dunkelgrün, auf der Unterseite heller, im Herbst goldgelb gefärbt, mit kurzem, rot überlaufenem Stiel.

Männliche Kätzchen: 2,5−5 cm lang, schmal, gelbgrün, herabhängend.

Weibliche Kätzchen: an der Spitze der Triebe angeordnet, mit roten Narben, die Blüten zu zweit an einer bald abfallenden Schuppe stehend. Aus ihnen entwickelt sich eine kleine Nuß, die mit einem 3lappigen Flügel verwachsen ist.

Verwendung: Das gelblichweiße, kernlose Holz ist zäh und hart, es dient zur Herstellung von Leisten und Werkzeugstielen.

Fruchtstand

Hopfenbuche

Rinde: braun, mit tiefen Längsrissen.

Zweige: rötlichbraun, behaart.

Knospen: grün, schmal und spitz.

Blätter: 5−12 cm lang, 3−6 cm breit, denen der Hainbuche ähnlich.

Fruchtstand: aus etwa 15 einzelnen Früchten zusammengesetzt, jede Nuß ist mit einem grünlichweißen 2 cm langen Flügel verwachsen.

Hopfenbuche
(Ostrya carpinifolia)

Dieser sommergrüne Baum ist in Südeuropa und Südwestasien zu Hause. Er ist mit der Hainbuche verwandt, kann aber durch die ganz anders aussehenden Fruchtstände leicht von ihr unterschieden werden. Er wird bis 20 m hoch.

Rinde der Hainbuche

Hainbuche

männliches Kätzchen

geflügelte Frucht

Baum und Zweig im Winter

57

Hasel *(Corylus avellana)*

Dieser Strauch oder kleine Baum ist fast über ganz Europa verbreitet und kommt auch in Nordafrika und Kleinasien vor. Er wird normalerweise 3–5 m hoch, seltener bis 10 m.

Krone: meist buschförmig, aber auch mit kurzem Stamm.

Rinde: glatt, glänzend, graubraun, mit dunkleren Querstreifen.

Zweige: bräunlich, dicht mit Drüsenhaaren besetzt.

Knospen: braun bis grünlich, glatt, eiförmig, abgerundet.

Blätter: bis 10 cm lang und 8 cm breit, herzförmig, mit schwach ausgebildeter Spitze und doppelt gesägten Rändern, oberseits dunkelgrün und dicht behaart, im Herbst gelblich, zuletzt braun.

Männliche Kätzchen: werden bereits im Herbst angelegt und sind im Frühjahr 5 cm lang, gelblich und walzenförmig.

Weibliche Blüten: sehr klein, in kleinen Knospen eingeschlossen, aber leicht an den roten Narben zu erkennen.

Frucht: eine Nuß, die von einer grünen, später braunen Hülle umgeben ist und einen großen, eßbaren Samen enthält. 2–5 Nüsse werden nebeneinander angelegt.

Verwendung: Das weiße oder rötliche Holz ist zäh und biegsam, dabei leicht zu spalten, Haselruten wurden früher zum Dachdecken benutzt. Das aus den Samen gewonnene Öl wird zu Speiseöl oder für Farben verarbeitet.

weibliche Blüten

männliche Kätzchen

reife Nüsse

Hasel

Längsschnitt durch eine Nuß

Ein Haselnußgebüsch. Wenn ältere Exemplare bis zum Boden zurückgeschnitten werden, schlagen sie wieder aus.

Buchengewächse *(Fagaceae)*

Diese Familie umfaßt etwa 900 Arten, die sowohl in den Gebieten mit gemäßigtem Klima als auch in den Tropen verbreitet sind. Alle Arten sind Gehölze, neben sommergrünen kommen auch zahlreiche immergrüne Bäume vor. Die Früchte werden im unteren Teil oder vollständig von einer grünen Hülle umschlossen.

Edelkastanie *(Castanea sativa)*

Dieser sommergrüne Baum ist in Südeuropa, Kleinasien und Nordafrika zu Hause und wird bei uns in wärmeren Gebieten seit langer Zeit angepflanzt. Auf den ersten Blick könnte man ihn mit der Roßkastanie verwechseln, aber er hat ganz andere Blätter und Früchte. Bei uns wird er bis 30 m hoch.

Krone: anfangs breit-kegelförmig, später ausgebreitet und gewölbt, mit weit ausladenden, dicken Ästen.

Rinde: anfangs silbergrau, später dunkel mit tiefen Längsrissen.

Zweige: rotbraun, dick, glatt und glänzend, behaart, später verkahlend.

Knospen: abgerundet, gelblichgrün bis rotbraun.

Blätter: 10–25 cm lang, 6–10 cm breit, länglich, spitz, mit stark hervortretenden Nerven und stark und spitz gesägten Rändern, auf der Oberseite glänzend grün, im Herbst goldgelb und zuletzt braungelb, Stiele 2,5 cm lang.

Männliche und weibliche Blüten getrennt in ungleichen Blütenständen, aber auf einem Baum.

Männliche Kätzchen: 10–20 cm lang, aufrecht, aus zahlreichen kleinen Blüten mit langen Staubgefäßen zusammengesetzt. Lange nach dem Verblühen stehenbleibend.

Weibliche Kätzchen: wenigblütig, unscheinbar, in Gruppen zu 1–3 zusammenstehend, von einer grünen, stacheligen

Edelkastanie

Blätter im Sommer und Herbst

männliche Kätzchen

Frucht (Marone)

Baum im Winter

Fruchthülle

59

Rot-Buche

weiblicher Blüten-stand

männlicher Blüten-stand

Hülle umgeben, aus denen die weißlichen Narben herausragen.

Frucht: glänzende, rotbraune Nuß, die unter dem Namen »Marone« bekannt ist.

Verwendung: Die gerösteten oder gekochten Maronen spielen in der Küche eine Rolle. Das Holz ist fest und widerstandsfähig, es wird vor allem in der Möbelindustrie verarbeitet.

Rot-Buche *(Fagus sylvatica)*

Mit Ausnahme der nördlichen Teile Skandinaviens und der südlichen Gebiete Spaniens ist dieser Baum über ganz Europa verbreitet. Er ist einer der wichtigsten Waldbäume und wird bis 40 m hoch.

Krone: anfangs schlank und kegelförmig, später weit ausgebreitet und abgerundet.

Rinde: hellgrau bis dunkelgrau, glatt, auch im Alter nicht zerreißend.

Knospen: bis 2 cm lang, schlank, spitz, mit dünnen braunen Schuppen besetzt.

Blätter: bis 10 cm lang und 7 cm breit, eiförmig, ganzrandig, etwas wellig, hellgrün, anfangs seidig behaart, später dunkler und verkahlend, im Herbst goldgelb bis braun.

Männliche und weibliche Blüten in getrennten Blütenständen, aber am selben Baum zusammen mit den Blättern erscheinend.

Männliche Blüten: zu 12–15 in kleinen, grünlichgelben, kugelförmigen, langgestielten Blütenständen angeordnet.

Weibliche Blüten: zu zweit zusammenstehend und von einer stacheligen Hülle umgeben.

Frucht: dreikantige, spitze, etwa 1 cm lange Nuß, die »Buchecker« genannt wird und beim Aufplatzen der Stachelhülle frei wird. In jeder Hülle stehen zwei Buchekkern.

Verwendung: Die sehr ölhaltigen Samen sind eßbar. Das schwere und harte Holz wird bei längerer Lagerung rötlich. Es wird zu Möbeln, Fässern und Parkett verarbeitet sowie als Bauholz und Brennholz verwendet.

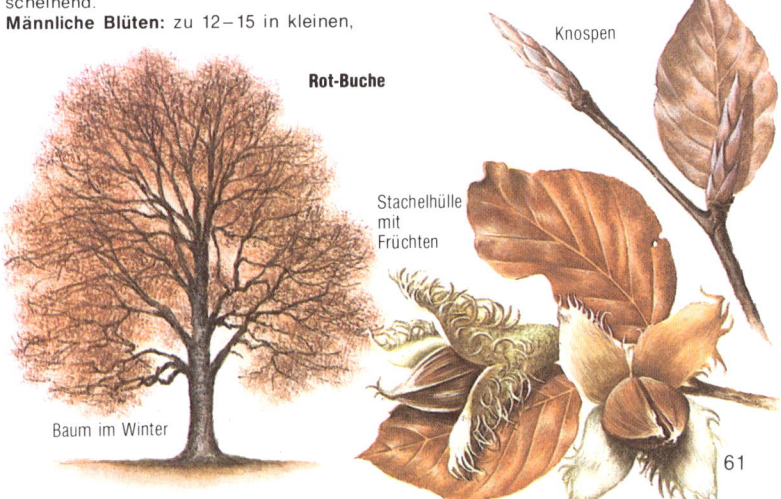

Rot-Buche

Knospen

Stachelhülle mit Früchten

Baum im Winter

61

Zerr-Eiche

weibliche Blüte

männliche Kätzchen

Eichel mit Fruchtbecher

Zerr-Eiche *(Quercus cerris)*

Dieser Baum ist in Westasien und Südeuropa heimisch und kommt bei uns wild nur am Kaiserstuhl vor. In warmen Gebieten wird er häufig als Zier- und Schattenbaum angepflanzt und erreicht eine Höhe bis 35 m.
Krone: ausgebreitet und weit gewölbt, mit aufrecht wachsenden Ästen.
Rinde: dunkelgrau, tief zerrissen.
Knospen: gelblichbraun, behaart.
Blätter: 9–12 cm lang, 3–5 cm breit, sehr verschieden geformt, doch meist mit 7–13 dreieckigen Lappen auf jeder Seite, rauh, dunkelgrün, später auf der Oberseite glänzend, unterseits heller und wollig behaart; Stiele 2 cm lang, stark behaart.
Männliche Blüten: in schmalen, herabhängenden Kätzchen, zuerst rötlich, dann gelb.
Weibliche Blüten: etwa 5 mm lang, mit dunkelroten Narben, dicht von einer gelblichen Hülle umgeben.
Frucht: Nuß, die ca. 2,5 cm lang und 1,5 cm breit ist und »Eichel« genannt wird; ihr unterer Teil steckt in einer becherförmigen Hülle. Sie ist etwa 1 cm hoch, kurz gestielt und hat außen lange, spitze, hellgrüne Schuppen.

Stein-Eiche *(Quercus ilex)*

Dieser immergrüne Baum ist in Südeuropa zu Hause und wird in warmen Gebieten oft als Zierbaum angepflanzt. Er verträgt starken Wind, ist unempfindlich gegen Rauch und wird bis 30 m hoch.

Krone: dicht und breit gewölbt, mit einem kurzen Stamm und stark verzweigten Ästen.
Rinde: dunkelbraun bis schwarz, tief zerreißend.
Zweige: schlank, graubraun, dicht behaart.
Knospen: 1–2 mm lang, breit, behaart.
Blätter: sehr variabel, 5–10 cm lang, 3–8 cm breit, lang und schmal bis eiförmig, zugespitzt, mit stachelig gezähnten, gewellten oder glatten Rändern, lederig, auf der Oberseite blaugrün und stumpf oder glänzend, unterseits graugrün und dicht behaart. Ihre Blattstiele sind 1–2 cm lang und dicht behaart.
Männliche Blüten: in hellgelben bis goldfarbenen, 4–7 cm langen, schmalen, herabhängenden Kätzchen angeordnet.

Stein-Eiche

Weibliche Blüten: etwa 2 mm lang, zu zweit oder dritt an einem langen, dicht behaarten Stiel zusammenstehend, dicht von graugrünen, behaarten, an der Spitze rötlichen Schuppen eingehüllt.

Frucht: eine 1,5–2 cm lange, hellgrüne Eichel, deren Fruchtbecher außen mit kurzen, behaarten Schuppen besetzt ist.

Verwendung: Das harte und schwere Holz wird zur Herstellung von Schnitz- und Drechslerarbeiten sowie zur Herstellung von Holzkohle benutzt. Die Rinde wird zum Gerben genommen.

Kork-Eiche *(Quercus suber)*

Dieser immergrüne Baum ist von Italien bis Spanien sowie in Nordafrika zu Hause, er wird in Südeuropa häufig angepflanzt, teils als Zierbaum, teils seiner Rinde wegen. Er wird bis 20 m hoch.

Krone: gewölbt und weit ausgebreitet, mit stark verzweigten, abstehenden Ästen und Zweigen.

Rinde: sehr dick und korkig, grau bis braun, mit tiefen Längsrissen. Bäume, von denen die Rinde abgeschält ist, haben einen rötlichen Stamm.

Blätter: 4–7 cm lang, 2–3 cm breit, eiförmig, spitz, auf jeder Seite mit 5–6 flachen, stachelspitzigen Lappen, auf der Oberseite dunkelgrün, unterseits heller und filzig behaart, ihre Blattstiele 1 cm lang, dicht behaart.

Frucht: 1,5–3 cm lange Eichel, deren langer Fruchtbecher dicht mit langen, dünnen Schuppen besetzt und kurz gestielt ist.

Verwendung: Alle 6–8 Jahre wird die dicke Borke von den Bäumen abgeschält und zu Flaschenkorken und Linoleum verarbeitet.

Stein-Eiche

Eichel mit Fruchtbecher

Kork-Eiche

Eichel mit Fruchtbecher

Blattunterseite

Rinde der Kork-Eiche

Trauben-Eiche

ungestielte
Fruchtbecher·
mit Eicheln

Trauben-Eiche
(Quercus petraea)

Dieser sommergrüne Baum ist in Europa und Westasien heimisch und bei uns ein wichtiger Waldbaum. Er gedeiht am besten auf durchlässigen Böden und ist auch in Gebirgslagen zu finden. Er wird 30–40 m hoch.

Krone: breit gewölbt, mit dicken, weit vom durchgehenden Stamm abstehenden Ästen.

Rinde: dunkelgrau, mit anfangs flachen, später tiefen Längsrissen.

Blätter: 8–12 cm lang und 4–5 cm breit, am Grunde keilförmig, beiderseits mit je 5–9 abgerundeten Lappen, dunkelgrün, ledrig, auf der Unterseite etwas behaart, mit einem 1–2 cm langen Stiel, im Herbst und Winter lange stehenbleibend.

Männliche Blüten: in schmalen Kätzchen.

Weibliche Blüten: klein, grünlichweiß, mit roten Narben.

Frucht: abgerundete Eichel, deren kurzer Fruchtbecher nur 5–10 mm lang und gestielt ist.

Verwendung: wie Stiel-Eiche.

Stiel-Eiche
(Quercus robur)

Von allen europäischen Eichen ist dieser sommergrüne Baum am weitesten verbreitet, er kommt wild auch in Spanien und Südskandinavien vor und erreicht im Osten den Kaukasus und Kleinasien. Der langsam wachsende, aber sehr langlebige Baum wird meist nur 25–30 m hoch, kann aber auch 45 m erreichen.

Stiel-Eiche

Stiel-Eiche

gestielte
Fruchtbecher
mit Eicheln

Krone: breit gewölbt, locker, mit weit abstehenden Ästen und im oberen Teil verzweigtem Hauptstamm.

Blätter: 10–12 cm lang, 7–8 cm breit, am Grunde schief, beiderseits mit 4–5 abgerundeten Lappen, auf der Oberseite dunkelgrün, unterseits heller, im Herbst orangebraun verfärbt und bald abfallend; die Stiele sind nur 4–10 mm lang.

Frucht: 1,5–3 cm lange Eichel, deren Fruchtbecher einen 4–8 cm langen Stiel hat.

Verwendung: Das wertvolle harte und feste Holz hat einen hellen Splint und einen dunkelbraunen Kern. Da es viele Gerbstoffe enthält, ist es widerstandsfähig und fault nicht. Früher wurde Eichenholz vor allem zum Bau von Schiffen und Häusern gebraucht, heute werden Möbel und Fässer daraus hergestellt.

Rot-Eiche *(Quercus rubra)*

Dieser sommergrüne Baum ist in den Oststaaten Nordamerikas heimisch und wird in Europa seit langer Zeit als Zierbaum angepflanzt. Vor allem im Herbst, zur Zeit des Laubfalles, ist er sehr dekorativ. Bei uns wird er bis 30 m hoch.

Krone: breit gewölbt, mit starken, ausgebreiteten Ästen und einem kurzen Stamm.

Rinde: silbergrau, glatt.

Blätter: 12–22 cm lang, elliptisch, am Grunde keilförmig, beiderseits mit 7–11 spitzen und gezähnten Lappen, auf der Oberseite hellgrün bis grün, unterseits graugrün, im Herbst zuerst tief rot, später braun oder braungelb verfärbt; die Blattstiele werden 2–5 cm lang.

Frucht: 2 cm lange, breit-abgerundete Eichel, deren Fruchtbecher flach und mit kurzen Schuppen besetzt ist und einen 1 cm langen Stiel hat.

Herbstfärbung

Baum im Winter

Rot-Eiche

reife Eicheln
mit Fruchtbecher

65

Ulmengewächse
(Ulmaceae)

Feld-Ulme

Feld-Ulme
(Ulmus carpinifolia)

Dieser sommergrüne Baum ist in fast ganz Europa sowie in Nordafrika und Südwestasien verbreitet. Er wird bis 30 m hoch.
Krone: schmal gewölbt, mit durchlaufendem Stamm und zahlreichen abstehenden Ästen und etwas herabhängenden Zweigen.
Rinde: graubraun, mit zahlreichen tiefen Längsrissen; an den jüngeren Zweigen findet man häufig ziemlich dicke Korkleisten, die tief zerklüftet sind.
Zweige: hellbraun, schlank und kahl.
Knospen: eiförmig, dunkelrot, kurz weißlich behaart.
Blätter: 6–8 cm lang, eiförmig, spitz, am Grunde deutlich schief, an den Rändern gesägt, auf der Oberseite glatt und glänzend, grün, unterseits etwas heller, kahl, im Herbst goldgelb verfärbt; die Blattstiele sind 0,5–1,5 cm lang und behaart.
Blüten und Frucht: Blüten vor den Blättern erscheinend, zwittrig, klein, in kleinen Büscheln zusammenstehend; aus ihnen entwickelt sich eine breit geflügelte Nuß, die etwas oberhalb der Mitte des Flügels sitzt.

Holländische Ulme
(Ulmus x hollandica)

Dieser Baum ist eine Kreuzung zwischen der Berg-Ulme *(U. glabra)* und der Feld-Ulme *(U. carpinifolia)* und wird in mehreren Sorten kultiviert. Er wird etwa 30 m hoch. Wie auch die anderen bei uns vorkommenden Ulmen ist diese Kreuzung sehr anfällig für das Ulmensterben, eine Pilzkrankheit, der schon viele Bäume zum Opfer gefallen sind.

Feld-Ulme

Früchte

Oben: Ulmen waren beliebte Straßen-
bäume, seit einigen Jahrzehnten sterben
sie aber an einer Pilzkrankheit.
Unten: Die Pilze, die das Ulmensterben
bewirken, werden von einem Borkenkä-
fer übertragen, der unter der Rinde
der Stämme lebt.

Krone: weit ausgebreitet, mit abstehenden, stark verzweigten Ästen und einem
dicken Stamm.
Rinde: braun bis graubraun, tief in kleine
Streifen zerreißend.
Zweige: ziemlich dick, braun und anfangs
mit langen Haaren besetzt.
Knospen: eiförmig, glänzend und rotbraun.

**Holländische
Ulme**

Blüten

Früchte

Blätter: 12–15 cm lang, 8 cm breit, eiförmig, spitz, am Grunde deutlich schief, am Rande doppelt gesägt, auf der Oberseite glatt, dunkelgrün und kahl, unterseits über den Nerven steif behaart.

Blüten: dunkelrot, in kleinen Büscheln an den noch unbeblätterten Zweigen stehend.

Frucht: ringsum geflügelte Nuß, die oberhalb der Mitte des 2 cm breiten Flügels steht und zur Reifezeit braun ist.

unreife Früchte

Berg-Ulme

Berg-Ulme *(Ulmus glabra)*

Dieser bis 35 m hohe sommergrüne Baum ist im nördlichen und mittleren Europa und in Westasien zu Hause. Er wächst am besten auf tiefgründigen, nährstoffreichen Böden, wird aber in Wäldern nur selten angepflanzt.

Krone: breit gewölbt, mit weit abstehenden, stark verzweigten Ästen und etwas herabhängenden Zweigen.

Rinde: bei jungen Bäumen glatt und silbergrau, später braun und tief netzförmig zerreißend.

Berg-Ulme

Blüten

Frucht

Zweig im Winter

Rinde der Berg-Ulme

68

Zweige: ziemlich dick, dunkel rotbraun, zuerst dicht behaart, später verkahlend.

Knospen: dunkelbraun, spitz, dicht mit rötlichen Haaren besetzt.

Blätter: 10–18 cm lang, 6–9 cm breit, eiförmig, spitz, am Grunde etwas schief, am Rande doppelt gesägt, auf der Oberseite auffallend rauh und dunkelgrün, auf der Unterseite heller und weich behaart. Ihre Blattstiele 2–5 mm lang, dick, dicht behaart.

Blüten: dunkelrot, in dichten Büscheln an den noch blattlosen Zweigen stehend.

Frucht: ringsum geflügelte, kleine Nuß, die im Mittelpunkt des kreisförmigen, etwa 2,5 cm breiten, häutigen Flügels sitzt und zur Reifezeit braun gefärbt ist.

Verwendung: Das Holz der Ulmen ist sehr wertvoll und mit ihm wird unter dem Namen Rüster vor allem in der Möbelindustrie gearbeitet.

Englische Ulme
(Ulmus procera)

Dieser sommergrüne Baum ist in England heimisch und wird in vielen Formen in Mittel- und Südeuropa als Zierbaum angepflanzt. Er erreicht eine Höhe bis 30 m.

Krone: sehr hoch, breit gewölbt, mit dicken, abstehenden Ästen, die auch im unteren Teil des Stammes stehenbleiben.

Rinde: dunkelbraun oder dunkelgrau, tief in schmale Streifen zerreißend.

Zweige: lang und dünn, rötlichbraun, dicht behaart.

Knospen: 2–3 mm lang, dunkelbraun und filzig behaart.

Blätter: 4–10 cm lang, 4–7 cm breit, eiförmig, spitz, am Grunde schief und auf der einen Seite mit einem abgerundeten Lappen, am Rande doppelt gesägt, auf der Oberseite dunkelgrün und durch kleine

Englische Ulme

Rinde der Englischen Ulme

geflügelte Frucht

Blüten

69

steife Haare rauh, im Herbst gelblich bis goldbraun gefärbt, ihre Stiele etwa 5 mm lang, behaart.
Blüten: dunkelrot, in dichten Büscheln an den noch blattlosen Zweigen stehend.
Frucht: allseits geflügelte Nuß, die etwas oberhalb der Mitte des kreisförmigen Flügels steht. Die Samen sind meistens nicht vollständig ausgebildet, deshalb wird der Baum durch Stecklinge vermehrt.
Verwendung: Das harte, schwere und schwer spaltbare Holz ist rötlichbraun gefärbt und wird vor allem zur Herstellung von Möbeln und Furnieren gebraucht. Da es auch im Wasser nicht verfault, werden Pfähle und Masten daraus hergestellt.

Maulbeergewächse *(Moraceae)*

Echter Feigenbaum
(Ficus carica)

Dieser sommergrüne Baum ist in Vorderasien heimisch, doch findet er sich wild oder verwildert von Indien bis zum Iran und vom Kaukasus bis Spanien. Bei uns wird er in warmen Gebieten zuweilen angepflanzt und trägt sogar Früchte. Er erreicht hier eine Höhe bis 6 m.
Krone: ausgebreitet, mit knotig gegliederten, abstehenden Zweigen.
Rinde: glatt, grau, später dunkelgrau und in Platten zerreißend.

Blätter: 25–30 cm lang, tief gelappt, mit 3–5 abgerundeten oder zugespitzten Lappen, dunkelgrün, dick und lederig, ihre Stiele 5–10 cm lang, behaart.
Blüten: klein und unansehnlich, die weiblichen von einer fleischigen Hülle umgeben, die am oberen Ende offen ist und dem bestäubenden Insekt Zugang bietet.
Früchte: Sie befinden sich im Inneren einer fleischigen Fruchthülle (ähnlich wie bei der Hagebutte), die zur Reifezeit blauviolett oder dunkel gefärbt und eßbar ist und unter dem Namen Feige in den Handel kommt.

reifer
Fruchtstand
(Feige)

unreifer
Fruchtstand

Echter Feigenbaum

Schwarzer Maulbeerbaum
(Morus nigra)

Dieser sommergrüne Baum ist in Westasien zu Hause, wo er bis 12 m hoch wird. In Südeuropa, aber auch bei uns, wird er als Zierbaum angepflanzt, allerdings ist er frostempfindlich und wird meist nur strauchförmig gehalten.

Krone: niedrig, breit gewölbt, mit dicken, verzweigten Ästen und kurzem Stamm.

Rinde: dunkelgrün, bei ausgewachsenen Bäumen tief zerrissen.

Zweige: anfangs grün, später bräunlich, ziemlich dick, dicht behaart.

Knospen: breit und spitz, glänzend, dunkelrot bis braun.

Blätter: 8–12 cm lang, 6–8 cm breit, herzförmig, zugespitzt, am Rande tief gesägt, auf der Oberseite behaart und auffallend rauh, unterseits hellgrün, dicht und fein behaart; die Stiele sind 1,5–2,5 cm lang.

Blüten: männliche und weibliche in verschiedenen Blütenständen, die männlichen stehen in kleinen, gelblichen Kätzchen, die weiblichen in kleinen, runden Büscheln auf einem kurzen Stiel.

Früchte: klein und beerenartig, kugelförmig, miteinander verwachsen und einen Fruchtstand bildend, der einer Brombeere ähnlich ist.

Verwendung: Die Fruchtstände, Maulbeere genannt, werden als Obst gegessen oder zum Färben von Wein genommen.

Seidenraupen werden mit den Blättern des Maulbeerbaumes gefüttert

Rinde des Schwarzen Maulbeerbaumes

Schwarzer Maulbeerbaum

reifer Fruchtstand (Maulbeere)

71

Magnoliengewächse
(Magnoliaceae)

Tulpenbaum
(Liriodendron tulipifera)

Dieser sommergrüne Baum ist in Nordamerika heimisch und wird hier bis 35 m hoch. Bei uns wird er häufig als Parkbaum angepflanzt und erreicht hier eine Höhe von etwa 20 m.

Krone: schmal und hoch, breit gewölbt, mit weit abstehenden, regelmäßig angeordneten, dicht verzweigten Ästen und einem kurzen Stamm.

Rinde: grau, mit einem Netzwerk flacher Risse, im Alter dunkel orangebraun.

Zweige: rötlichbraun, glatt, mit auffallenden Blattnarben.

Knospen: 1 cm lang, etwas seitlich zusammengedrückt, rotbraun und glänzend.

Blätter: 15–20 cm lang und 10–15 cm breit, auffallend 4lappig und daran leicht zu erkennen, zwischen den beiden oberen Lappen bogig abgeschnitten, beiderseits leuchtend grün, im Herbst goldgelb oder hellbraun verfärbt. Die Stiele sind 5–10 cm lang.

Blüten: 4–5 cm lang, 6–8 cm breit, tulpenähnlich, mit 3 äußeren Blütenblättern, die nach unten umgebogen sind, und 6 inneren, aufrechten Blütenblättern; zahlreiche und dicke Staubblätter, Fruchtknoten zahlreich, an einem fleischigen Zapfen angeordnet.

Frucht: 1–2samig, in großer Zahl einen gemeinsamen zapfenähnlichen Fruchtstand bildend.

Tulpenbaum

Tulpenbaum

Blütenknospe

reifer
Fruchtstand

N.B.

Großblütige Magnolie
(Magnolia grandiflora)

Dieser immergrüne Baum ist in den Süd-oststaaten der USA zu Hause und wird hier bis 15 m hoch. Er braucht viel Wärme und wird deshalb nur in Südeuropa als Zier-baum angepflanzt, wo er bis 10 m hoch werden kann.

Krone: breit-kegelförmig.

Rinde: glatt und dunkelgrau.

Zweige: dicht mit langen, rostrot gefärb-ten Haaren besetzt.

Knospen: 1,5 cm lang, kegelförmig, grün-lichbraun mit brauner Spitze.

Blätter: 10–15 cm lang, 5–8 cm breit, länglich, am Grunde und am oberen Ende zugespitzt, an den Rändern glatt und oft etwas wellig, dick, lederig, beiderseits dunkelgrün, oberseits glänzend, unter-seits mit rostfarbenen Haaren besetzt; die Stiele sind 2–3 cm lang.

Blüten: 15–30 cm breit, becherförmig, angenehm duftend, mit 6 großen, dicken, wachsartigen, gelblichweißen Blütenblät-tern, vom Sommer bis zum Herbst er-scheinend.

Frucht: 1–2samig, alle Früchte zu einem kegelförmigen, zapfenartigen, 5 cm lan-gen Fruchtstand zusammengeschlossen, der auf einem dicken, gekrümmten, bräunlichen Stiel steht.

Tulpen-Magnolie
(Magnolia x soulangeana)

Dieser Strauch oder kleine Baum ist eine Kreuzung zwischen den ostchinesischen Arten *Magnolia denudata* und *M. liliiflora,*

die etwa 1820 entstanden ist. Er verträgt unser Klima sehr gut und wird deshalb in vielen Sorten in Parks, Anlagen und Gär-ten angepflanzt, wo er strauchförmig und 2,5–7 m hoch gehalten wird.

Krone: niedrig, weit ausgebreitet.

Zweige und Knospen: dicht behaart.

Blätter: 10–15 cm lang, länglich, zuge-spitzt, ganzrandig, glatt.

Blüten: glockenförmig, tulpenartig, die 6–12 Blütenblätter weiß, am Grunde und auf der Außenseite rosarot überlaufen, je nach Sorte aber auch elfenbeinweiß oder rein weiß.

Großblütige
Magnolie

Knospen

Tulpen-
Magnolie

73

Lorbeergewächse *(Lauraceae)*

Lorbeerbaum

männlicher Blütenstand

weiblicher Blütenstand

Früchte

Lorbeerbaum
(Laurus nobilis)

Dieser immergrüne Baum ist im Mittelmeergebiet zu Hause und kann bei uns nicht angepflanzt werden, weil er nicht winterhart ist. In seiner Heimat wird er bis 20 m hoch. Ein Kranz von Lorbeerblättern wurde früher den Dichtern und Philosophen verliehen, später erhielten ihn Boxer und Rennfahrer, heute nimmt man Lorbeerblätter zum Würzen von Speisen.
Krone: kegelförmig, abgerundet, dicht.

Rinde: dunkelgrau, glatt, später zerrei-ßend.
Blätter: 5–10 cm lang, derb, lederig, eiförmig, am Grunde und am oberen Ende zugespitzt, oberseits dunkelgrün, unterseits heller, aromatisch duftend, 6 mm lang gestielt.
Blüten: männliche und weibliche Blüten in getrennten Büscheln zusammenstehend, klein und unansehnlich, aus den weiblichen entwickeln sich 8–10 mm große, blaue Beeren.

Platanengewächse *(Platanaceae)*

Bastard-Platane
(Platanus x acerifolia)

Dieser sommergrüne Baum ist eine Kreuzung zwischen Amerikanischer Platane *(Platanus occidentalis)* und Morgenländischer Platane *(P. orientalis)*. Er wird häufig in Parks und Anlagen, aber auch als Straßenbaum und auf Schulhöfen angepflanzt, ist widerstandsfähig gegen Rauch und Abgase und kann stark zurückgeschnitten werden. Er wird bis 35 m hoch.
Krone: breit gewölbt, mit abstehenden, dicht verzweigten Ästen.

Rinde: zuerst graubraun, glatt und dünn, später in großen Platten abblätternd.
Zweige: hellgrün, später braun, filzig behaart.
Knospen: kegelförmig, rotbraun.
Blätter: 12–25 cm breit, 3–5lappig, mit breit dreieckigen, oft gezähnten Lappen, auf der Oberseite glänzend und grün, unterseits heller; die Stiele sind rotbraun.
Blüten: weiblichen und männliche in verschiedenen Blütenständen am selben Baum stehend, die männlichen klein, kugelförmig und an langen, herabhängenden Stielen, die weiblichen ähnlich, aber größer und rotbraun gefärbt.

Früchte: zahlreich, in 2,5–3 cm großen, kugelförmigen, dichten Blütenständen zusammenstehend, etwa 1 cm groß, am oberen Ende dicht mit gelblichen, steifen, abstehenden Haaren besetzt.

Verwendung: Der Baum dient vor allem als Schattenspender, sein Holz läßt sich leicht bearbeiten und wird für Schnitz- und Drechslerarbeiten genommen.

weibliche Blütenstände

männliche Blütenstände

Einzelfrucht

Fruchtstand

Bastard-Platane

Rinde der Bastard-Platane

Morgenländische Platane
(Platanus orientalis)

Dieser Baum ist von Südosteuropa über Kleinasien bis nach Indien verbreitet. Er wird zum gleichen Zweck und an gleicher Stelle wie die Bastard-Platane angepflanzt. Die Morgenländische Platane wächst langsamer als die Bastard-Platane, wird aber höchstens 30 m hoch und unterscheidet sich recht auffallend durch die Form ihrer Blätter.

Blätter: bis 18 cm lang und 8 cm breit, 5–7lappig, mit langen und schmalen, schmal-abgerundeten Lappen, beiderseits kräftig grün, im Herbst zuerst hell orangebraun, später gelbgrün und zuletzt bronzeartig verfärbt; ihre Stiele sind etwa 5 cm lang und am Grunde rötlich.

Morgenländische Platane

weiblicher Blütenstand (Längsschnitt)

männlicher Blütenstand (Längsschnitt)

Fruchtstand

Rosengewächse *(Rosaceae)*

Diese über 2000 Arten umfassende Familie ist weltweit verbreitet. Zu ihr gehören nicht nur Kräuter und Stauden, sondern auch viele Sträucher und Bäume, von denen mehrere zu unseren wichtigsten Obstgehölzen gehören. Aber auch die wildwachsenden Bäume sind bei uns mit einer ganzen Reihe von Arten vertreten.

Eingriffeliger Weißdorn

reife Früchte

Eingriffeliger Weißdorn
(Crataegus monogyna)

Dieser dornige Strauch oder bis 15 m hohe Baum ist in Europa weit verbreitet, kommt aber auch in Nordafrika und in einigen Gebieten Asiens vor. Er wird bei uns als Heckenpflanze, aber auch als Ziergehölz gepflanzt.
Krone: breit-abgerundet, ausgebreitet, mit dicht verzweigten Ästen.

Blätter: meist 3–4 cm lang, 3–7lappig, mit langen und breiten, grob gesägten Lappen, auf der Oberseite mattgrün, auf der Unterseite bläulichgrün und in den Achseln der Nerven kurz behaart; die Stiele sind 3,5 cm lang.

Blüte

Eingriffeliger Weißdorn

Frucht

Zweig mit Dornen

Blüten: 8–15 mm breit, mit 5 großen weißen Blütenblättern, 20 Staubgefäßen und einem Griffel, in reichblütigen Doldenrispen angeordnet. Der Geruch erinnert an Heringslake.

Frucht: 8–10 mm breit, ei- oder kugelförmig, anfangs weich behaart und grün, zuletzt glänzend und rot, mit einem Steinkern.

Verwendung: Das feste und harte Holz wird für Schnitz- und Drechslerarbeiten genommen, zuweilen dient es zur Herstellung von Holzkohle.

Zweigriffeliger Weißdorn

Zweigriffeliger Weißdorn
(Crataegus laevigata)

Dieser Strauch oder bis 10 m hohe Baum ist bei uns weit verbreitet, wird aber weniger als Hecke angepflanzt als der Eingriffelige Weißdorn. Von diesem kann er durch folgende Merkmale unterschieden werden:

Blätter: eiförmig, etwas eingeschnitten, am Rande gesägt, auf der Unterseite kahl.

Blüten: weiß oder rot, mit 2–3 Griffeln.

Frucht: becherförmig und mit den Resten der 2–3 Griffel; sie enthält 2–3 Steinkerne.

Azaroldorn

Azaroldorn
(Crataegus azarolus)

Dieser 4–12 m hohe Strauch oder kleine Baum ist im Mittelmeergebiet weit verbreitet und wird in Südeuropa vielfach seiner Früchte wegen angepflanzt.

Zweige: dicht behaart.

Blätter: 3–7 cm lang, tief eingeschnitten, mit schmalen, spitzen, nicht gesägten Lappen, beiderseits glatt und kahl, hellgrün.

Blüten: klein und weiß, mit purpurrot gefärbten Staubgefäßen, in 5–7 cm großen Doldenrispen angeordnet.

Frucht: 2–2,5 cm im Durchmesser, kugelförmig, orangerot oder gelb, mit 1–3 Steinkernen.

Verwendung: Die Früchte haben einen angenehmen, etwas säuerlichen Geschmack und werden zur Herstellung von Marmelade und Gelee verwendet.

Holz-Apfel
(Malus sylvestris)

Dieser sommergrüne Baum ist über ganz Europa und in Südwestasien verbreitet und wächst in Gebüschen und Wäldern, wo er bis 10 m hoch wird. Seine Heimat ist unbekannt, er wird schon seit Tausenden von Jahren angepflanzt und ist die Urform unseres Apfels. Auch die Früchte des Holz-Apfels sind eßbar, aber sie sind nur klein und sehr sauer. Gartenformen werden als Zierbaum gepflanzt.

Krone: flach und breit, stark gewölbt, mit vielen dicht verzweigten Ästen.

Rinde: graubraun bis dunkelbraun, in schmale Streifen zerreißend.

Zweige: dunkelbraun, auf der Unterseite heller, oft mit einigen Dornen.

Knospen: 4–5 mm lang, spitz, dunkelbraun und schwach behaart.

Blätter: 5–6 cm lang, 3–4 cm breit, eiförmig, am Grunde gerundet, am oberen Ende zugespitzt, an den Rändern gezähnt,

Holz-Apfel

auf der Oberseite grün und glänzend, unterseits heller; die Stiele sind 2,5 cm lang.

Blüten: klein, mit 5 abstehenden, weißen, außen meist rosarot überlaufenen Blütenblättern und gelben Staubbeuteln, in kleinen Büscheln zusammenstehend.

Frucht: 2,5–3 cm im Durchmesser, kugelförmig, grünlichgelb, zur Reifezeit auf ei-

Holz-Apfel

ner Seite oft rötlich überlaufen, mit braunen, spitzen Kernen.

Verwendung: Die Früchte ergeben mit denen der Eberesche zusammen ein wohlschmeckendes Gelee. Das Holz hat einen rotbraunen Kern und einen hellroten Splint, ist sehr schwer und fest und wird zu Schnitzarbeiten genommen.

Mispel *(Mespilus germanicus)*

Dieser sommergrüne Baum ist in Südosteuropa und in West- und Zentralasien zu Hause. Er wird seit langem auch in Mitteleuropa angepflanzt und erreicht in Kultur eine Höhe von 6 m.

Krone: niedrig, weit-ausgebreitet, mit dicht verzweigten Ästen.

Rinde: graubraun, tief eingerissen und in langen Streifen abblätternd.

Zweige: flaumig behaart, oft mit einzelnen Dornen.

Blätter: bis 15 cm lang und 5 cm breit, länglich, zugespitzt, an den Rändern gesägt, auf der Oberseite dunkelgrün, mit hervortretenden Nerven, zuweilen kurz behaart, unterseits heller und dicht behaart. Ihre Stiele nur 5 mm lang.

Blüten: ungestielt, 3–6 cm breit, mit 5 breiten, weißen Blütenblättern, bis 4 cm

Mispel

langen, grünen Kelchblättern und zahlreichen braunen Staubbeuteln.

Frucht: 5–6 cm breit, kugelförmig, am oberen Ende zwischen den abstehenden Kelchblättern stark vertieft, anfangs grün, zur Reifezeit braun.

Verwendung: Die Früchte sind roh eßbar, wenn sie völlig ausgereift sind, außerdem läßt sich ein angenehm schmeckendes Gelee aus ihnen herstellen.

reife Frucht

Mispel

79

Süßkirsche *(Prunus avium)*

In seiner Wildform kommt dieser sommergrüne Baum in Europa, Westasien sowie in Nordafrika vor. Bei uns wächst er vorwiegend im Tiefland und wird hier etwa 20 m hoch. Von diesem Baum stammen die Süßkirschen ab, die heute in vielen Formen als Obstbäume kultiviert werden. Aber auch zahlreiche Sorten, die man als Zierbäume in Gärten und Parks pflanzt.

Krone: mit regelmäßig angeordneten, aufrecht-abstehenden Ästen, die sich später weit ausbreiten und unregelmäßig werden.

Rinde: braun, glatt und glänzend, später mit orangebraunen, quer verlaufenden Korkporen.

Zweige: graubraun, glatt.

Knospen: rotbraun, spitz

Blätter: bis 10 cm lang und 5 cm breit, eiförmig, zugespitzt, an den Rändern fein gesägt, grün, auf der Unterseite fein behaart, im Herbst rötlich oder gelb verfärbt, 2–3,5 cm lange Stiele mit 2 roten oder gelben Drüsen.

Blüten: angenehm duftend, mit 5 weißen, breiten Blütenblättern und zahlreichen Staubgefäßen, in kleinen Büscheln zusammenstehend.

Frucht: 1,5–2 cm im Durchmesser, kugelförmig, erst grün, später rötlich, zuletzt schwarzrot, mit einem glatten, kugelförmigen Stein, schwach süß, wohlschmeckend.

Verwendung: Die Früchte gehören zu unserem besten Tafelobst. Das Holz ist rotbraun gefärbt, hart und schwer und wird für feine Tischlerarbeiten genommen.

Japanische Zierkirschen

Zu dieser Gruppe gehören viele hundert Sorten, die größtenteils aus Kreuzungen entstanden sind und deren Herkunft nicht mehr festzustellen ist. Von einigen Arten weiß man aber, daß sie von japanischen Arten, z.B von *Prunus speciosa* oder *P. serrulata,* abstammen. Die hier abgebildete Sorte ›Kazan‹ ist an folgenden Merkmalen zu erkennen.

Krone: weit ausgebreitet, 7–10 m hoch.

Blätter: bis 18 cm lang und 9 cm breit, eiförmig, zugespitzt, an den Rändern gesägt, zuerst rötlich, später oberseits dunkelgrün, auf der Unterseite hellgrün.

Blüten: gefüllt, hellrosa, in dichten Büscheln stehend. Früchte werden bei dieser Gartenform nicht ausgebildet.

reifende Früchte

Süßkirsche

Zweig mit Blüten

Traubenkirsche
(Prunus padus)

Dieser sommergrüne Baum ist in Nord-
und Mitteleuropa, in Kleinasien und vom
Kaukasus bis Nordchina zu Hause. Bei uns
wächst er überall in Auwäldern und auf
feuchten Böden. Er wird bis 15 m hoch.

Krone: gewölbt, die oberen Äste aufrecht,
die unteren abstehend oder nach unten
gerichtet.

Rinde: anfangs glatt, später mit Korkleisten; strenger Geruch nach bitteren
Mandeln.

Zweige: anfangs olivgrün, später dunkelbraun.

Knospen: schmal, braun, spitz.

Blätter: bis 10 cm lang und 7 cm breit, eiförmig, spitz, an den Rändern gesägt,
oberseits mattgrün, auf der Unterseite
hellgrün, im Herbst gelblich oder rötlich
verfärbt, Stiele 2 cm lang.

Blüten: klein, mit 5 breiten, weißen Blütenblättern, in bis 15 cm langen, herabhängenden Trauben angeordnet.

Frucht: 8 mm breit, kugelförmig, anfangs
grün, zuletzt blau, bitter, aber von Vögeln
verzehrt und dadurch verbreitet.

*Die Japanische Zierkirsche ›Kazan‹
wird bis 10 m hoch und hat gefüllte
Blüten.*

Rinde der Traubenkirsche

Traubenkirsche

reife
Frucht

unreife
Frucht

Mandelbaum
(Prunus dulcis)

Mandelbaum

Früchte

Dieser sommergrüne Baum ist in Westasien und Nordafrika zu Hause. Er wird seit langem überall angepflanzt, im Süden seiner Früchte wegen, bei uns als Zierbaum, der bis 6 m hoch werden kann.

Krone: gewölbt, offen, mit aufrechten Ästen.

Rinde: dunkel rotbraun, tief in kleine Platten zerreißend.

Blätter: 7–12 cm lang, eiförmig, zugespitzt, an den Rändern gesägt, dunkelgrün oder gelblichgrün gefärbt, meist etwas eingerollt, kurz gestielt.

Blüten: 3–5 cm breit, mit 5 breiten, rosa gefärbten Blütenblättern und zahlreichen Staubgefäßen, vor den Blättern erscheinend. Manche Sorten haben weiße oder gefüllte Blüten.

Frucht: ca. 4 cm lang, grün bis gelblichgrün, länglich, zur Reifezeit aufplatzend und den hellbraunen Stein freigebend.

Verwendung: Der im Steinkern enthaltene Same ist eßbar und kommt unter dem Namen »Süße Mandel« in den Verkauf. Die Mandeln enthalten das Bittermandelöl. Das Holz wird für Tischlerarbeiten benutzt.

Schlehe

82

Schlehe oder Schwarzdorn
(Prunus spinosa)

Dieser sommergrüne Baum ist fast in ganz Europa und in Vorderasien zu Hause. Bei uns wächst er überall auf fruchtbaren Böden und bildet dichte, bis 4 m hohe Gebüsche.

Krone: dicht, mit stark verzweigten, dornigen Ästen.

Rinde: dunkelbraun, bei alten Gehölzen tief in schmale Streifen zerrissen.

Zweige: dornig, flaumhaarig.

Knospen: schmal, eiförmig, spitz, rotbraun bis schwärzlich.

Blätter: bis 4 cm lang, eiförmig, zugespitzt, an den Rändern fein gesägt, mit einem kurzen Stiel.

Blüten: 1–1,5 cm breit, mit 5 weißen, breiten Blütenblättern und zahlreichen orangefarbenen Staubbeuteln, in dichten Büscheln angeordnet und vor den Blättern erscheinend.

Frucht: 1,5 cm im Durchmesser, kugelförmig, blau, bereift, sehr sauer und zusammenziehend, erst nach einem Frost süß und eßbar.

Verwendung: Die reifen Früchte können zu Marmelade verarbeitet werden oder zur Herstellung von Schnäpsen dienen. Das Holz ist sehr fest und zäh, früher wurden daraus Spazierstöcke hergestellt, außerdem wurde es für feine Tischlerarbeiten benutzt.

Kirsch-Pflaume

reife Frucht

Kirsch-Pflaume
(Prunus cerasifera)

Dieser sommergrüne Baum ist auf dem Balkan und in Zentralasien zu Hause, er wird auch bei uns seiner Früchte wegen angepflanzt. Gelegentlich verwechselt man ihn mit der Mirabelle, die aber aus einer Kreuzung zwischen der Kirsch-Pflaume und der Schlehe entstanden ist, ebenso wie die Zwetsche. In Kultur wird er bis 8 m hoch.

Krone: offen und ausgebreitet.

Rinde: schwarzbraun.

Zweige: glatt und kahl.

Blätter: 4–7 cm lang, eiförmig, zugespitzt, mit scharf gesägten Rändern, auf der Oberseite glänzend und grün, unterseits heller und stumpf; bei manchen Zierbäumen auch rot gefärbt.

Blüten: 2 cm breit, mit 5 breiten, weißen Blütenblättern, die bei Zierbäumen aber auch rosa und rot sein können.

Frucht: rund, zuerst grünlich, zuletzt gelb oder rot, auf der einen Seite gefurcht, wohlschmeckend, mit einem flachen Stein.

Die Blüten der Schlehe stehen in dichten Büscheln an den unbeblätterten Zweigen und bieten einen prächtigen Anblick.

Mehlbeere
zur Blütezeit

Mehlbeere *(Sorbus aria)*

Dieser sommergrüne Baum ist in Süd- und Mitteleuropa heimisch. Er wächst in Wäldern, aber auch auf felsigen Böden und verträgt Rauch und Abgase, deshalb wird er oft an Straßenrändern und in Städten angepflanzt. Hier wird er bis 25 m hoch.

Krone: gewölbt, mit aufrecht-abstehenden, dicht verzweigten Ästen.

Rinde: glatt, grau, im Alter mit zahlreichen quer verlaufenden Korkleisten.

Zweige: braun, zuerst behaart, später graubraun und glatt.

Knospen: 1–2 cm lang, mit grünen, an der Spitze braunen Schuppen.

Blätter: 8 cm lang und 5 cm breit, breitelliptisch, zugespitzt, an den Rändern gesägt, nicht gelappt, auf der Oberseite grün, unterseits dicht weißfilzig behaart, im Herbst zuerst gelblich, später graubraun verfärbt, Stiele kurz.

Blüten: ca. 1,5 cm breit, mit 5 breiten, weißen Blütenblättern und zahlreichen braunen Staubbeuteln, in dichten Büscheln an den Zweigenden stehend.

Frucht: 8–15 mm im Durchmesser, eiförmig bis becherförmig, anfangs grün, später rot, sie werden von Vögeln gefressen und dadurch verbreitet.

Verwendung: Aus den Früchten läßt sich ein Gelee herstellen. Das harte und schwere Holz ist gelblichweiß und feinporig, es wird zu Schnitzarbeiten verwendet.

Mehlbeere

reife Früchte

Blütenstand

Eberesche oder Vogelbeere
(Sorbus aucuparia)

Dieser sommergrüne Baum ist in ganz Europa, Südwestasien und Nordafrika verbreitet. Bei uns wächst er in Wäldern, Gebüschen und an Hecken auf jedem Boden. Außerdem wird er als Straßen- und Zierbaum angepflanzt und bis 20 m hoch.

Krone: gewölbt und offen, mit dicht verzweigten, aufrechten Ästen.

Rinde: silbergrau und glatt, später hell braungrau und netzförmig zerreißend.

Zweige: rotgrau bis braungrau, anfangs behaart, später glatt.

Knospen: bis 1,5 cm lang, dunkelbraun, dicht mit grünen Haaren besetzt.

Blätter: unpaarig gefiedert, bis 20 cm lang, aus 9–15 Blättchen zusammengesetzt, diese schmal-eiförmig, an den Rändern stark gesägt, zuerst behaart, später verkahlend, auf der Oberseite grün, unterseits graugrün, im Herbst gelblich oder rötlich verfärbt.

Blüten: 1 cm breit, stark duftend, mit 5 breiten, elfenbeinfarbenen Blütenblättern, in 10–15 cm großen Doldenrispen angeordnet, Stiele dicht behaart.

Frucht: 1 cm breit, kugelförmig, glänzend, zuerst grün, später orange, zuletzt rot gefärbt, durch Vögel verbreitet.

Verwendung: Die Früchte sind eßbar und enthalten viel Vitamin C. Sie werden zu Gelee verarbeitet. Aus dem Holz werden Schnitzarbeiten hergestellt.

Baum im Winter

Eberesche

Blütenstand

reife Früchte

85

Blütenstand

Elsbeere

Baum im Winter

reife Früchte

Elsbeere *(Sorbus torminalis)*

Dieser sommergrüne Baum ist in Europa – mit Ausnahme von Nordeuropa –, Nordafrika und bis zum Kaukasus zu Hause. Er erreicht 25 m Höhe.

Krone: bei jungen Bäumen kegelförmig, später breit gewölbt, mit abstehenden Ästen.

Rinde: hellgrau bis dunkelbraun, später in großen Platten abfallend.

Zweige: braun, glänzend.

Knospen: 4–5 mm lang, eiförmig, grün, glänzend.

Blätter: bis 10 cm lang und 8 cm breit, 5–7lappig mit spitzen, gesägten Lappen, von denen die untersten am größten sind, oberseits glänzend, grün, auf der Unterseite gelblichgrün, zuerst behaart, später verkahlend, im Herbst blutrot verfärbt, Stiele 2–5 cm lang.

Blüten: 1,2 cm breit, mit 5 breiten, weißen Blütenblättern und vielen gelben Staubbeuteln, in 10–12 cm großen Doldenrispen angeordnet.

Frucht: ca. 1 cm breit, kugelförmig bis eiförmig, braun, mit großen Korkporen besetzt, sauer schmeckend. Die Früchte wurden früher in der Heilkunde verwendet, vor allem als Mittel gegen Koliken und Dysenterie.

Bastard-Vogelbeere
(Sorbus x thuringiaca)

Dieser Baum ist eine Kreuzung zwischen Eberesche *(Sorbus aucuparia)* und Mehlbeere *(Sorbus aria).* Er ist in Skandinavien verbreitet und wird bei uns als Zierbaum angepflanzt. Er erreicht eine Höhe von 4–10 m.

Bastard-Vogelbeere

reife Früchte

Krone: schmal-eiförmig, aufrecht, mit dicht verzweigten Ästen.
Rinde: mattgrau, wenig tief eingerissen.
Zweige: rötlichgrau.
Knospen: 8 mm lang, rotbraun.
Blätter: bis 11 cm lang und 7 cm breit, länglich, im unteren Teil gefiedert, im oberen gelappt, die untersten 1–4 Paare der gesägten Blättchen einzeln und entfernt stehend, die Lappen nach oben hin kleiner werdend, auf der Oberseite graugrün, unterseits weiß und flaumig behaart.
Blüten: 1 cm breit, weiß, in 6–10 cm großen Doldenrispen angeordnet.
Frucht: 1,2 cm breit, kugelförmig, glänzend und rot.

Speierling
(Sorbus domestica)

Dieser sommergrüne Baum ist im Mittelmeergebiet zu Hause, kommt aber auch bei uns in Süddeutschland und in Thüringen wild vor. Er wird in Süddeutschland seiner Früchte wegen angepflanzt und erreicht eine Höhe von 20 m. Von der Vogelbeere kann er durch seine großen Früchte, aber auch durch die Rinde und Blätter unterschieden werden.
Krone: gewölbt, mit weit abstehenden Ästen.
Rinde: orangebraun bis dunkelbraun, meist tief in lange Streifen zerreißend.
Knospen: 1 cm lang, eiförmig, glänzend, grün und klebrig.
Blätter: 15–22 cm lang, unpaarig gefiedert, mit 13–21 länglichen, scharf gesäg-

Baum im Sommer

Bastard-Vogelbeere

ten, 3–6 cm langen Blättchen, anfangs dicht mit braunen Drüsenhaaren besetzt!
Blüten: 1,5–2 cm breit, mit 5 breiten, elfenbeinfarbenen Blütenblättern, schmalen Kelchblättern und 5 Griffeln, in großen, 10–14 cm breiten Doldenrispen angeordnet.
Frucht: 2–3 cm lang, apfel- oder birnenförmig, zuerst grün, später zunehmend braun. Die reifen Früchte sind eßbar, sie werden bei uns häufig dem Most zugesetzt.

Speierling

reifende Früchte

87

Holzbirne *(Pyrus communis)*

Von diesem sommergrünen Baum stammt der Birnbaum ab, der in vielen Sorten gepflanzt wird und ein ausgezeichnetes Obst liefert. Die Holzbirne ist in Mittel- und Südeuropa sowie in Westasien heimisch. Sie wächst in trockenen Wäldern und auf Kalkböden und wird bis 20 m hoch.

Krone: schmal, offen, mit durchlaufendem Stamm.

Rinde: graubraun bis dunkelbraun, mit wenig tiefen Rissen.

Zweige: braun, häufig behaart und dornig.

Blätter: 5–8 cm lang, eiförmig bis kreisförmig, zugespitzt, an den Rändern stark gesägt oder glatt, glänzend, grün, mit 2–5 cm langen Stielen.

Blüten: 2–4 cm breit, mit 5 breiten, weißen Blütenblättern und zahlreichen roten Staubbeuteln, in dichten 5–8 cm breiten Büscheln angeordnet und vor den Blättern erscheinend.

Frucht: 2–4 cm lang, fast kugelförmig bis birnenförmig, zuerst grün, später bräunlich, zur Reifezeit süß schmeckend, aber mit vielen Holzzellen.

Verwendung: Das harte, zähe, rötliche Holz wird in der Möbelindustrie und zu Schnitzereien verarbeitet, ist aber auch als gutes Brennholz geschätzt.

reife Birnen der Kulturform

Weidenblättrige Birne
(Pyrus salicifolia)

Dieser sommergrüne Baum ist in Südosteuropa und Westasien heimisch und wird auch häufig in Parks und Anlagen als Zierbaum angepflanzt. Hier wird er bis 8 m hoch.

Krone: gewölbt, mit dünnen, herabhängenden Zweigen.

Weidenblättrige Birne

Blätter: 3–9 cm lang, 1–2 cm breit, schmal, am oberen Ende zugespitzt, anfangs beiderseits silberhaarig, später auf der Oberseite verkahlend und glänzend grün, die Stiele sind 3–15 mm lang.

Blüten: 2 cm breit, mit 5 breiten, weißen Blütenblättern und dicht weiß behaarten Stielen.

Frucht: 2–3 cm lang, schmal und bräunlich.

Rechts: Die goldgelben Blüten des Goldregens sind in langen, hängenden Trauben angeordnet. Der Baum wird häufig in Anlagen angepflanzt; aber Vorsicht, alle Teile sind giftig!

Hülsenfrüchtler   *(Leguminosae)*

Diese Familie umfaßt mehr als 13 000 Arten, und es gehören
nicht nur Bäume und Sträucher, sondern auch Kräuter und Stauden
hierher. Sie ist weltweit verbreitet und liefert viele wichtige Nutzpflanzen. Alle Arten haben dieselbe Fruchtform, die Hülse. Sie öffnet
sich zur Reifezeit durch zwei Längsnähte und gibt dadurch die
Samen frei.

reife
Frucht

Goldregen

Goldregen
(Laburnum anagyroides)

Dieser sommergrüne Strauch oder bis 7 m
hohe Baum ist in Mittel- und Südeuropa
heimisch. Er wächst wild in Wäldern und
Gebüschen vor allem in bergigen Gegenden und wird seit langem auch in Parks
und Gärten und auch auf Kinderspielplätzen angepflanzt. Alle Teile sind giftig!
Krone: schmal, offen, unregelmäßig, mit
aufrechten Ästen.
Rinde: glatt, anfangs grün, später bräunlich.
Zweige: graugrün, dicht behaart.

Goldregen

unreife
Hülsen

89

Baum im Winter

Robinie

reife Hülsen

Rinde der Robinie

Robinie
(Robinia pseudoacacia)

Knospen: eiförmig, graubraun, behaart.
Blätter: 3–8 cm lang, aus 3 eiförmigen, spitzen, ungestielten Blättchen zusammengesetzt, oberseits graugrün, auf der Unterseite blaugrün und weißlich behaart.
Blüten: 2 cm lange, goldgelbe Schmetterlingsblüten, die in 10–30 cm langen, herabhängenden Trauben angeordnet sind.
Frucht: 4–8 cm lange trockene Hülse mit schwarzen Samen, anfangs grün und dicht und kurz behaart, später dunkelbraun und verkahlend.

Dieser sommergrüne Baum ist im östlichen Teil Nordamerikas zu Hause. Bei uns wird er seit langer Zeit als Zierbaum in Parks und Anlagen angepflanzt, aber auch zum Aufforsten sandiger und nährstoffarmer Böden verwendet. Er wird bis 30 m hoch.
Krone: unregelmäßig, offen, mit stark verzweigten, aufrechten Ästen an einem kurzen Stamm.
Rinde: zuerst glatt und braun, später graubraun und tief in lange Streifen zerreißend.
Zweige: dunkelrot, stark gerippt, mit paarweise angeordneten Dornen besetzt.
Knospen: klein und bis zum Herbst vom Blattstiel verdeckt.

Blätter: 15–20 cm lang, unpaarig gefiedert, aus 7–15 eiförmigen, kurz gestielten, 2,5–4 cm langen Blättchen zusammengesetzt, oberseits hellgrün, auf der Unterseite blaugrün.

Blüten: weiße, duftende Schmetterlingsblüten, die in 10–20 cm langen, hängenden, dichten Trauben angeordnet sind.

Frucht: 5–10 cm lange, herabhängende und lange am Baum bleibende Hülse mit 4–10 harten Samen.

Judasbaum

Baum im Winter

Judasbaum
(Cercis siliquastrum)

Der Volksmund sagt, Judas Ischariot habe sich an diesem Baum erhängt. Der Judasbaum ist in den Gebirgen Südeuropas und Westasiens zu Hause. Bei uns wird er in wärmeren Gebieten oft als Zierbaum angepflanzt und erreicht eine Höhe von 10–12 m.

Krone: breit gewölbt, aber sehr unregelmäßig.

Rinde: rötlich, später wenig tief zerreißend.

Zweige: rotbraun.

Knospen: 3–5 mm lang, dunkelrot, schmal, kegelförmig.

Blätter: 8–12 cm lang, 10–12 cm breit, fast kreisrund, am Grunde herzförmig, gelblichgrün bis frischgrün, ihre Stiele etwa 5 cm lang.

Blüten: rosarote, etwa 2 cm große Schmetterlingsblüten, die in dichten Büscheln an den Zweigen, aber auch an den dicken Ästen sitzen und vor den Blättern erscheinen.

Frucht: flache, anfangs rötliche, später braune Hülse, die lange am Baum stehenbleibt.

Judasbaum

reife Hülse

91

Silber-Akazie
(Acacia dealbata)

Dieser sommergrüne Baum stammt aus Südostaustralien und wird in Süd- und Westeuropa häufig als Zierbaum angepflanzt. Während er in Australien bis 30 m hoch wird, wächst er hier nur 8–12 m hoch.

Krone: breit, kegelförmig.

Rinde: anfangs blaugrün und glatt, später bräunlich.

Zweige: hell grünlichgelb, gerippt, dicht filzig behaart.

Blätter: doppelt gefiedert und dadurch farnartig, bis 12 cm lang und 4 cm breit; die Seitenfiedern, die 3–4 cm lang sind, haben ihrerseits etwa 30 Paare sehr schmaler, 3–4 mm langer, nadelförmiger, weicher Fiederblättchen. Blätter auf der Oberseite blaugrün bis gelbgrün, unterseits dicht silberweiß behaart.

Blüten: sehr klein, mit weit herausragenden Staubgefäßen, zu 20–30 in kleinen, 3–5 mm breiten, kugelförmigen Blütenständen angeordnet.

Christusdorn
(Gleditsia triacanthos)

Dieser sommergrüne Baum ist in Nordamerika zu Hause. Die Dornenkrone Christi kann also nicht aus seinen Dornen geflochten worden sein, wie der Volksmund behauptet. Bei uns wird er in großen Parks als Zierbaum angepflanzt und bis 20 m hoch.

Krone: breit, weit ausladend, mit stark verzweigten Ästen.

Rinde: dunkelbraun, mit breiten, flachen Rissen und zerstreut mit verzweigten, bis 30 cm langen Dornen besetzt, die bei kultivierten Bäumen aber oft fehlen.

Blätter: 10–20 cm lang, einfach oder doppelt unpaarig gefiedert, die Blättchen 2–4 cm groß, länglich, abgerundet, auf der Oberseite gelblichgrün bis frischgrün, im Herbst goldgelb verfärbt. Unter den Gartenformen gibt es aber auch Sorten mit goldgelb gefärbten Blättern, die im Herbst gelblichgrün gefärbt sind.

Blüten: ca. 5–6 mm lang, gelb, duftend, mit weit herausragenden Staubgefäßen,

Silber-Akazie

Blütenstand

reife Hülsen

Christusdorn

männlicher
Blütenstand

unreife
Hülsen

Eine Schwarzholz-Akazie in voller
Blüte. Die zahllosen stark duftenden
Blütenstände bedecken Äste und
Zweige.

die männlichen in etwa 12 cm langen,
flaumig behaarten, hängenden Trauben,
die weiblichen in kleinen, nicht so dichten
Blütenständen angeordnet.
Frucht: 25–30 cm lange, 2–3 cm breite,
meist schraubig gedrehte Hülse, die anfangs grüngelb, später braun gefärbt ist.

Schwarzholz-Akazie
(Acacia longifolia)

Auch diese Akazie ist in Australien heimisch, wird aber seit langem in Südwesteuropa als Zierbaum und zum Befestigen
von Dünen angepflanzt. Sie wächst oft
buschförmig und erreicht bis 5 m Höhe.
Zweige: steif, kantig, unbehaart.
Blätter: 5–15 cm lang, ungeteilt, schmal,
abgerundet, hellgrün, mit 2–4 hervortretenden Nerven.
Blüten: klein, gelb, stark duftend, in großer Zahl in 2–6 cm langen, aufrechten,
walzenförmigen Blütenständen angeordnet.

reife
Hülsen

Schwarzholz-
Akazie

93

Rautengewächse

(Rutaceae)

Diese Familie umfaßt über 1600 Arten, die vorwiegend in tropischen und subtropischen Gebieten verbreitet sind. Die wirtschaftlich wichtigste Gattung in dieser Familie ist *Citrus*, zu der die Zitrone, Grapefruit, Apfelsine und andere gehören. Die Bäume stammen ursprünglich aus Südostasien, werden aber in vielen subtropischen Gebieten angepflanzt.
Alle haben dunkelgrüne, glänzende, immergrüne Blätter mit Öldrüsen und fünfzählige Blüten.

Blätter: eiförmig, zugespitzt, etwas lederig, an den Rändern gewellt, glatt oder gezähnt, ihre Stiele sind schmal geflügelt.
Blüten: groß, duftend, einzeln oder paarweise stehend, mit 5 breiten, rötlichweißen Blütenblättern und 20–40 Staubgefäßen. In manchen Blüten sind beide Geschlechter fruchtbar, in anderen nur die Staubgefäße oder der Stempel.
Frucht und Verwendung: anfangs grün, später gelb, fast kugelförmig bis etwas länglich, stets mit einer kleinen, kegelförmigen Spitze. Die Früchte haben eine dünne Schale und ein saftreiches, sauer schmeckendes Fleisch und werden zum Würzen und zur Herstellung von Limonaden verwendet.

Grapefruit *(Citrus paradisi)*

Dieser Baum ist wahrscheinlich auf den Westindischen Inseln entstanden und erreicht in Kultur eine Höhe von 10–15 m.
Krone: pyramidenförmig, abgerundet.
Blätter: eiförmig, zugespitzt, an den Rändern glatt, anfangs hellgrün, später dunkler, vor allem auf der Oberseite, Stiele breit geflügelt. In den Achseln der Blätter stehen meist Dornen.

reife Früchte der Grapefruit

Zitrone

Zitrone *(Citrus limon)*

Dieser immergrüne Baum stammt aus Indien und wird seit der Römerzeit im Mittelmeergebiet angepflanzt. In Kultur wird er 6–7 m hoch.
Krone: unregelmäßig, ausgebreitet.
Zweige: rötlich, mit Dornen besetzt.

Blüten: groß, weiß, einzeln oder in kleinen Büscheln.

Frucht und Verwendung: 10 – 15 cm breit, kugelförmig, bis 0,5 kg schwer, gelb, mit einem sehr saftigen Fleisch, das schwach sauer schmeckt. Die Früchte werden als Obst verzehrt, der Saft getrunken oder konserviert.

Zitronat-Zitrone
(Citrus medica)

Dieser kleine Baum stammt aus Vorderindien und wird im Mittelmeergebiet häufig kultiviert.
Krone: unregelmäßig und ausgebreitet.
Blätter: eiförmig, zugespitzt, an den Rändern gesägt, in den Achseln meist mit kurzen Dornen, ihr Stiel drehrund oder schmal geflügelt.
Blüten: groß und duftend, mit weißrosa gefärbten Blütenblättern, zahlreichen Staubgefäßen und roten Knospen.
Frucht: 15 – 25 cm lang, eiförmig oder länglich, sehr groß und bis 2,5 kg schwer, gelb, mit sehr dicker, weißer Innenschale und wenig ausgebildetem Fruchtfleisch. Die weiße Schale wird mit Zucker eingekocht und kommt unter dem Namen Zitronat in den Handel.

reife Frucht der Zitronat-Zitrone

reife Frucht der Pomeranze

Pomeranze
(Citrus aurantium)

Dieser 6–12 m hohe Baum wächst wild im Himalaja und in Ostafrika und wird seit langem im Mittelmeergebiet angepflanzt.
Krone: rundlich, ausgebreitet.
Blätter: dunkelgrün, mit geflügelten Stielen.
Blüten: weiß und duftend, einzeln oder in kleinen Büscheln in den Achseln der Laubblätter.
Frucht: etwa 8 cm breit, kugelförmig, orangefarben, am oberen und unteren Ende abgeflacht, mit bitter schmeckendem Fruchtfleisch.
Verwendung: Aus den grünen Teilen des Baumes wird ein Öl gewonnen, Essence de Petit Grain, aus den Blüten das Neroliöl. Die Schalen der Früchte werden getrocknet und zu Marmelade verkocht oder zur Herstellung von Likör verwendet.

Pomeranze

Apfelsine

Mandarine
(Citrus reticulata)

Dieser Strauch oder kleine Baum ist eng mit der Apfelsine verwandt.

Blätter: schmal-eiförmig, spitz, mit ungeflügeltem Stiel.

Frucht: 5–8 cm breit, kugelförmig, orangefarben, mit einer dünnen Schale, die sich leicht vom Fruchtfleisch lösen läßt. Die Früchte werden als Obst gegessen. Mandarine, Satsuma und Tangarine sind Sorten ein und derselben Art, haben aber einen unterschiedlichen Geschmack.

Orange oder Apfelsine
(Citrus sinensis)

Dieser immergrüne Baum ist wahrscheinlich in China heimisch und wurde im 16. Jahrhundert nach Südeuropa gebracht. Heute gibt es weit mehr als hundert Sorten, die ihrer Früchte wegen angepflanzt werden und 9–13 m hoch sind. Es gibt aber auch Sorten, die man als Zierbaum in Kübeln halten kann.

Krone: rundlich oder pyramidenförmig, mit dornigen Zweigen.

Blätter: 7,5–10 cm lang, eiförmig, zugespitzt, mit glatten Blatträndern und einem geflügelten Stiel, oberseits dunkelgrün, auf der Unterseite heller.

Frucht: kugelförmig, mit orangefarbener Schale und sehr saftreichem, süßem Fruchtfleisch. Die Früchte werden als Obst gegessen, aber auch bei der Herstellung von Marmelade und Fruchtsäften verwendet.

Mandarinen haben eine runzelige Schale, die anfangs glänzend grün ist und später orangefarben wird.

Bittereschengewächse *(Simaroubaceae)*

Götterbaum
(Ailanthus altissima)

Dieser schnellwüchsige, sommergrüne Baum ist in China heimisch. Er wird in Süd- und Westeuropa häufig als Schattenbaum angepflanzt und kann hier als eingebürgert gelten. Er ist unempfindlich gegen Rauch und Abgase und wird bis 25 m hoch.

Krone: groß und gewölbt, etwas unregelmäßig und mit dicken, aufrechten Ästen und einem kurzen Stamm.

Rinde: glatt, graubraun bis schwarzbraun, später in Querstreifen zerreißend.

Zweige: dick, bräunlich.

Knospen: eiförmig, klein, rötlich.

Blätter: 30–60 cm lang, unpaarig gefiedert, aus 11–45 Blättchen zusammengesetzt, die Blättchen eiförmig, lang zugespitzt, 7–15 cm lang, mit 1–3 spitzen Lappen, auf deren Unterseite sich eine große Drüse befindet. Die Blätter zuerst rot gefärbt, dann grün, mit 7–15 cm langen Stielen.

Baum im Winter

Götterbaum

Blüten: klein und unansehnlich, in großer Zahl in hängenden Rispen angeordnet, die männlichen und weiblichen meist an verschiedenen Bäumen.

Frucht: 4 cm lang, schmal, mit einem Samen in der Mitte, zur Reifezeit braun.

Fruchtstand

Götterbaum

Buchsbaumgewächse *(Buxaceae)*

Buchsbaum
(Buxus sempervirens)

Dieser immergrüne Strauch oder bis 8 m hohe Baum ist im Mittelmeergebiet und Kleinasien zu Hause. Bei uns kommt er nur an der Mosel und am Oberrhein wild vor. Meist wird er in Parks und Gärten angepflanzt, vor allem als Beeteinfassung. Er läßt sich stark beschneiden.

Krone: als Baum dicht und schmal, mit einem schlanken Stamm.

Rinde: hellbraun, dünn, bei alten Bäumen hellgrau und in kleine Platten zerreißend.

Zweige: anfangs olivgrün, kantig, behaart, später verkahlend.

Knospen: hell orangebraun, behaart.

Blätter: 1,5–3 cm lang, eiförmig, am oberen Ende abgerundet, ledrig, glatt und kahl, auf der Oberseite dunkelgrün, unterseits heller, an den Rändern oft etwas nach unten eingerollt.

Blüten: unansehnlich und klein, die männlichen und weiblichen in getrennten Büscheln in den Blattachseln stehend.

Frucht: dreiteilige, eiförmige Kapsel, die zur Reifezeit oben aufspringt und die 6 glänzenden Samen freigibt.

Frucht

Buchsbaum

Verwendung: Das gelbe Holz ist sehr fein und hart und wird für Tischler- und Drechslerarbeiten, aber auch zum Bau von Instrumenten genommen.

Eine Zwergform des Buchsbaumes wird als Beeteinfassung angepflanzt.

Stechpalmengewächse *(Aquifoliaceae)*

Stechpalme *(Ilex aquifolium)*

Dieser immergrüne bis 10 m hohe Baum kommt in Süd- und Westeuropa überall vor und erreicht auf der Linie Insel Rügen – Schwarzwald – Alpen seine Ostgrenze. Er braucht ein warmes Klima und friert in kalten Wintern stark zurück. In Gärten und Parks wird er als Zierbaum angepflanzt und oft strauchförmig gehalten.

Krone: kegelförmig, bei alten Bäumen unregelmäßig, mit aufrechten Ästen.

Rinde: silbergrau, glatt, später rauh und eingerissen.

Zweige: grün oder rötlich.

Knospen: sehr klein, spitz.

Blätter: 6 – 8 cm lang, eiförmig, spitz, lederig, hart; die an den unteren Ästen stehenden Blätter haben einen welligen Rand und stechende Zähne, die an den oberen Zweigen stehenden sind oft ganzrandig und dornenlos; auf der Oberseite dunkelgrün und glänzend, unterseits hellgrün, bei Zierbäumen aber auch gelb gestreift.

Blüten: klein, weiß, in dichten Büscheln in den Blattachseln stehend, männliche und weibliche auf verschiedenen Bäumen.

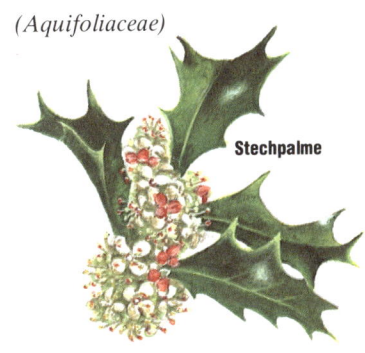

Stechpalme

Frucht: 7 – 10 mm im Durchmesser, kugelförmig, korallenrot, bis zum Frühjahr an den Zweigen bleibend, eine 4samige Steinfrucht, die von Vögeln gefressen und deren Samen dadurch verbreitet wird.

Verwendung: Das weiße, harte und schwere Holz wird zu Drechsler- und Einlegearbeiten benutzt.

Stechpalme

Pfaffenhütchen
(Euonymus europaeus)

Pfaffenhütchen

Dieser sommergrüne Strauch oder bis 6 m hohe Baum ist fast über ganz Europa verbreitet – mit Ausnahme des Nordens – und kommt auch in Kleinasien, im Kaukasus und in Westsibirien wild vor. Er gedeiht am besten auf nährstoffreichen, kalkhaltigen Böden.

Krone: vielästig, breit gewölbt.

Rinde: glatt und grün, später rotbraun und mit breiten Korkleisten.

Knospen: eiförmig, grün.

Blätter: 3–10 cm lang, schmal, zugespitzt, an den Rändern fein gesägt, auf der Oberseite blaugrün, unterseits heller, im Herbst erst gelblich, dann braunrot und rot verfärbt, ihre Stiele 6–12 mm lang.

Blüten: etwa 10 mm breit, mit 4 schmalen Blütenblättern und 4 Staubgefäßen, sternförmig, in kleinen Büscheln zu 3–8 zusammenstehend.

Frucht: 4klappige, scharlachrote Kapsel, die sich zur Reifezeit öffnet und 2–4 Samen freigibt, die an Fäden aus der Frucht hängen und einen rosa gefärbten, fleischigen Mantel haben.

Verwendung: Das helle, kernlose Holz ist sehr feinporig und wird zu Drechslerarbeiten genommen. Aus der Rinde wird Guttapercha gewonnen.

Herbstfärbung

Pfaffenhütchen

reife
Früchte

Baum im Winter

Ahorngewächse *(Aceraceae)*

Diese Familie umfaßt über 150 Arten, von denen die meisten zur Gattung *Acer* gehören. Ihre Blüten sind klein und meist unansehnlich. Die Früchte sind lang geflügelt und zerfallen zur Reifezeit in 2 Teilfrüchte.

Feld-Ahorn *(Acer campestre)*

Dieser sommergrüne Baum ist in Europa, Nordafrika und Kleinasien heimisch, in Skandinavien kommt er nur in Südschweden vor. Er wird bis 25 m hoch und wächst bei uns wild in Laubwäldern. Außerdem wird er häufig als Zierbaum in Parks und Anlagen gepflanzt.
Krone: niedrig, gewölbt.
Rinde: hellbraun, netzartig zerrissen und oft mit Korkleisten versehen.
Zweige: braun, anfangs behaart, später mit Korkleisten.
Knospen: 3 mm lang, braun, behaart.
Blätter: 5–8 cm breit, mit 3–5 ganzrandigen oder gebuchteten, an der Spitze breit-abgerundeten Lappen, beim Entfalten rötlich überlaufen, später auf der Oberseite dunkelgrün, unterseits heller, über den Nerven behaart, im Herbst goldgelb oder rötlich verfärbt, ihre Stiele 5–9 cm lang.
Blüten: grünlich, in kleinen, aufrechten Doldenrispen angeordnet und fast mit den Blättern erscheinend.

Frucht: Flügel, die zusammen 5–6 cm breit sind, fast waagerecht gespreizt, zuerst gelbgrün, später rotbraun, jede Spaltfrucht mit einer kugeligen Nuß.
Verwendung: Das Holz ist hart und rötlich gefärbt. Es wird bei Tischlerarbeiten benutzt.

Eschen-Ahorn
(Acer negundo)

Dieser sommergrüne Baum ist in Nordamerika heimisch und wird bei uns häufig in Gärten, Anlagen und Parks angepflanzt. Er ist schnellwüchsig und erreicht eine Höhe von 20 m.
Krone: unregelmäßig gewölbt, oft etwas einseitig gewachsen.
Rinde: zuerst glatt und graubraun, später braun und eingerissen.
Zweige: grün, später rotbraun überlaufen.
Knospen: klein, weiß, behaart.
Blätter: unpaarig gefiedert, 15–20 cm lang, aus 3–7 eiförmigen, spitzen, stark gesägten und deutlich gestielten Blätt-

natürliche Verbreitung des Feld-Ahorns

reife Früchte

Feld-Ahorn

chen zusammengesetzt, hellgrün, bei Gartenformen aber auch weißlich gerandet, mit 6–8 cm langen Stielen.

Blüten: in hängenden Büscheln, männliche und weibliche an verschiedenen Bäumen.

Frucht: Flügel, die zusammen 4 cm lang sind, weniger als rechtwinklig gespreizt, zur Reifezeit hellbraun und lange an den Zweigen stehenbleibend.

Eschen-Ahorn

Spitz-Ahorn
(Acer platanoides)

Dieser sommergrüne Baum kommt überall in Europa vor, mit Ausnahme von England und Holland, sein Verbreitungsgebiet reicht bis zum Kaukasus. In Wäldern trifft man ihn nicht häufig, weil er kaum angepflanzt wird. Er wächst sehr langsam und wird etwa 20 m hoch.

Krone: groß, gewölbt und ausgebreitet, oft mit kurzem Stamm.

Rinde: glatt, graubraun, später netzartig zerrissen.

Zweige: rötlichbraun.

Knospen: eiförmig, braun.

Blätter: bis 15 cm breit, 5lappig, mit lang zugespitzten, stark gezähnten Lappen, dazwischen bogig eingeschnitten, beiderseits frischgrün, im Herbst leuchtend gelb verfärbt, ihre Stiele bis 15 cm lang.

Blüten: klein, gelblichgrün, in kleinen, aufrechtstehenden Doldenrispen angeordnet, zwittrig oder eingeschlechtlich, vor den Blättern erscheinend.

Spitz-Ahorn

Baum im Winter

reife Früchte

Frucht: Flügel, die zusammen 6–10 cm lang sind, fast waagerecht gespreizt, braun.

Verwendung: Das feste, feinporige Holz wird zu Drechslerarbeiten verwendet.

Berg-Ahorn
(Acer pseudoplatanus)

Dieser sommergrüne Baum ist wahrscheinlich in den Pyrenäen, Alpen und Karpaten heimisch, er wird aber seit langem in allen Teilen Europas angepflanzt. Da er Rauch und Abgase verhältnismäßig gut verträgt, findet man ihn auch in städtischen Parks und Anlagen, wo er bis etwa 35 m hoch wird.

Krone: breit gewölbt, dicht, mit stark verzweigten Ästen.

Rinde: glatt und grau, später etwas rötlich und in unregelmäßige Streifen zerreißend.

Knospen: 8–12 mm lang, grün, eiförmig.

Blätter: 8–16 cm breit, 5lappig, mit eiförmigen, spitzen, gleichmäßig gesägten Lappen und dazwischen mit spitzen Einschnitten, auf der Oberseite dunkelgrün, unterseits heller, mit 15 cm langen Stielen.

Blüten: zahlreich in 6–10 cm langen, hängenden Rispen angeordnet, nach den Blättern erscheinend.

Frucht: Flügel, die zusammen 6 cm lang sind, im rechten Winkel gespreizt, mit breiten Flügeln.

Verwendung: Das weiße bis gelblich gefärbte Holz hat einen seidigen Glanz und wird zur Herstellung von Möbeln und anderen Tischler- und Drechslerarbeiten verwendet. Aus gutem Holz werden Geigenböden hergestellt.

Felsen-Ahorn oder Französischer Ahorn
(Acer monspessulanum)

Dieser sommergrüne Baum ist im Mittelmeergebiet von Spanien bis zum Kaukasus verbreitet, bei uns kommt er nur am Mittelrhein, an der Mosel und am Oberlauf des Mains vor. Er wird bis 15 m hoch.

Krone: gewölbt und dicht.

Rinde: dunkelbraun, mit waagerechten Rissen.

Zweige: glatt, ohne Korkleisten, hellbraun.

Berg-Ahorn

Knospen: 3 mm lang, eiförmig, braun.
Blätter: 4–8 cm breit, 3lappig, mit breiten, abgerundeten, ganzrandigen Lappen, auf der Oberseite dunkelgrün, unterseits graublau.
Blüten: unansehnlich und klein, bräunlich, in kleiner Zahl in aufrechten oder überhängenden Büscheln.
Frucht: Flügel, die zusammen 2,5–4 cm lang sind, wenig gespreizt bis fast parallel, mit etwa 4 cm langem Stiel, oft rötlich überlaufen.

Blüten

Früchte

Felsen-Ahorn

Japanischer Ahorn
(Acer palmatum)

Dieser sommergrüne Baum stammt aus Japan und Korea und wird bei uns häufig in Anlagen und Parks, aber auch in Gärten angepflanzt. In seiner Heimat wird er bis 15 m hoch, die meisten Gartenformen sind aber niedriger.
Krone: breit gewölbt, niedrig, mit weit abstehenden Ästen.
Rinde: glatt und braun.
Zweige: schlank, auf der Oberseite dunkelrot, sonst grün.
Knospen: 2–3 mm lang, eiförmig, rötlich überlaufen.

Blätter: 7–9 cm breit, 5–7lappig, mit schmalen, lang zugespitzten, regelmäßig und stark gesägten Rändern und dazwischen mit spitzen Einschnitten, normalerweise grün, aber bei den Gartenformen meist rötlich bis dunkelrot, ihre Stiele 3–5 cm lang.
Blüten: 6–8 mm breit, purpurn gefärbt, zu 12–15 in kleinen, aufrechten Büscheln zusammenstehend.
Frucht: Flügel, die zusammen etwa 4 cm lang sind, wenig gespreizt, rot gefärbt, in aufrechten Büscheln.

Bei manchen Gartenformen des Japanischen Ahorns sind die Zweige korallenrot gefärbt.

Japanischer Ahorn

Durch seine Blattfärbung ist der Japanische Ahorn sehr dekorativ.

104

Roßkastaniengewächse *(Hippocastaneaceae)*

Roßkastanie
(Aesculus hippocastanum)

Dieser sommergrüne Baum ist auf dem Balkan heimisch, wurde aber bereits vor 400 Jahren bei uns eingeführt. Er ist vollständig eingebürgert und erreicht eine Höhe von 30 m.

Krone: groß, gewölbt, mit verhältnismäßig kurzem Stamm.

Rinde: dunkel graubraun, später tief in Streifen zerrissen.

Zweige: dick, grau oder rötlichbraun.

Knospen: bis 2,5 cm lang und 1,5 cm breit, rotbraun, glänzend, klebrig.

Blätter: bis 25 cm lang, fingerförmig, mit 5 – 7 großen, stark gesägten Blättchen, zuerst filzig behaart, später auf der Oberseite dunkelgrün, unterseits gelbgrün, im Herbst gelbgrün, goldgelb oder rötlich verfärbt; Stiele bis 25 cm lang, nach dem Abfallen große, hufeisenförmige Narben an den Zweigen hinterlassend.

Blüten: etwa 2 cm breit, deutlich schief, mit gefransten, weißen, zuerst gelb, dann rot gefleckten Blütenblättern, in großer Zahl in einer aufrechten, 30 cm langen Rispe angeordnet.

Baum im Winter

Roßkastanie

Frucht: kugelförmige, stachelige, grüne Kapsel, die 1 – 2 (selten 3) glänzende Samen (Kastanien) enthält.

Verwendung: Die Kastanien werden als Futter für das Rotwild genommen. Das Holz des Baumes ist weich, weißlich und leicht zu bearbeiten; es werden Möbel daraus hergestellt.

austreibende Knospe

aufgeplatzte Frucht

Rinde der Roßkastanie

Rotblühende Roßkastanie

Die Rotblühende Roßkastanie wird zuweilen in Parks angepflanzt.

Rotblühende Roß-kastanie

(Aesculus x carnea)

Dieser Baum ist eine Kreuzung zwischen der Roßkastanie *(Aesculus hippocastanum)* und der amerikanischen Art *Aesculus pavia*. Er wird zuweilen angepflanzt und erreicht eine Höhe von 20 m.

Knospen: eiförmig, 1,5–2,5 cm lang, nicht klebrig.
Blätter: ähnlich wie bei der Roßkastanie, aber die Blättchen sind dunkler gefärbt, gerunzelt und an den Rändern gröber gesägt.
Blüten: rot gefärbt, in aufrechten, 12–20 cm großen Rispen.
Frucht: meist ohne Stacheln, mit 2–3 kleineren, dunkelbraunen Samen.

Lindengewächse *(Tiliaceae)*

Diese Familie umfaßt mehr als 400 Arten, die vorwiegend in tropischen und subtropischen Gebieten verbreitet sind. Die bei uns vorkommenden Bäume gehören alle zur Gattung *Tilia*. Sie haben 5zählige zwittrige Blüten, die in langgestielten Blütenständen angeordnet sind. Diese tragen am Grunde ein flügelähnliches Blatt. Die Frucht ist eine 1–3samige Nuß.

Winter-Linde

Winter-Linde
(Tilia cordata)

Dieser sommergrüne Baum kommt in fast allen Gebieten Europas vor und ist auch im Kaukasus zu finden. Er wird bei uns häufig als Straßenbaum angepflanzt und erreicht eine Höhe von 30 m.

Krone: groß, dicht, gewölbt.

Rinde: glatt, grau, später dunkelgrau und zerreißend.

Zweige: auf der Oberseite rötlich, sonst olivgrün.

Knospen: eiförmig, glatt, rotbraun, glänzend.

Blätter: 4−7 cm lang, 3−5 cm breit, herzförmig, an den Rändern gesägt, oberseits dunkelgrün, unterseits heller und in den Achseln der Nerven rostrot behaart; die Stiele sind bis 3,5 cm lang.

Blüten: weißgelb, duftend, zu 4−15 zusammenstehend, der Stiel des Blütenstandes mit einem etwa 6 cm langen, dünnhäutigen Blatt verwachsen.

Frucht: 6 mm breit, kugelförmig, hart, undeutlich gerippt, 1−2samig.

flügelähnliches Blatt

Winter-Linde

flügelähnliches Blatt

unreife Früchte

Sommer-Linde
(Tilia platyphyllos)

Dieser sommergrüne Baum ist ebenfalls in Europa weit verbreitet, geht aber nicht so weit nach Norden wie die Winter-Linde. Er wird häufig angepflanzt und bis 40 m hoch.

Krone: groß, gewölbt, mit aufrechten Ästen.

Zweige: rötlichgrau und behaart.

Blätter: 6−15 cm lang, herzförmig, zugespitzt, an den Rändern stark gesägt, auf der Oberseite dunkelgrün, auf der Unter-

Baum im Winter

Sommer-Linde

flügelähnliches Blatt

reife Früchte

seite heller, in den Achseln der Nerven mit weißen Haarbüscheln, Stiel 2–5 cm lang.
Blüten: gelblichweiß, zu 3–4 zusammenstehend, das flügelähnliche Blatt 5–12 cm lang.
Frucht: 8–10 mm breit, kugelförmig, dicht behaart und mit 5 hervortretenden Rippen.

Bastard-Linde
(Tilia x europaea)

Dieser bis 40 m hohe Baum ist wahrscheinlich eine in der Natur entstandene Kreuzung zwischen der Sommer-Linde und der Winter-Linde. Er wird seit langer Zeit als Straßenbaum angepflanzt und ist in Ortschaften häufiger anzutreffen als die beiden Stammformen.
Krone: groß, gewölbt, dicht und stark verzweigt.
Rinde: grau und glatt, später rauh und netzartig zerreißend
Zweige: grün, meist rot überlaufen.
Knospen: eiförmig, rotbraun, glatt und kahl.
Blätter: 6–10 cm lang, herzförmig, an den Rändern stark gesägt, auf der Oberseite dunkelgrün, unterseits rein grün und glänzend, in den Achseln der Nerven mit weißlichen Haarbüscheln, im Herbst gelb verfärbt; die Stiele sind 2–5 cm lang.
Blüten: gelblichweiß, zu 7–11 in den langgestielten Rispen angeordnet.
Frucht: 8 mm breit, verstreut behaart, dickschalig, mit schwach hervortretenden

Bastard-Linde

Baum im Winter

flügelartiges Blatt

Früchte

Rippen, Samen werden sehr selten ausgebildet.
Verwendung: Wirtschaftlich genutzt wird der Bast, den die innere Rindenschicht liefert.

Silber-Linde

Blattunterseite

Silber-Linde
(Tilia tomentosa)

Dieser Baum ist in Südosteuropa, in den Balkanländern und in Südwestasien zu Hause. Bei uns wird er als Zierbaum angepflanzt und bis 30 m hoch.
Krone: breit-kegelförmig, gewölbt, mit aufrechten Ästen.
Rinde: dunkelgrün, mit waagerechten Streifen, später grau und netzartig zerreißend.
Zweige: hellgrün und dicht behaart, später auf der Oberseite graugrün.
Knospen: 6–8 mm lang, eiförmig, dicht behaart.

Blätter: bis 12 cm lang, herzförmig, zugespitzt, an den Rändern stark gesägt, am Grunde schief, auf der Oberseite dunkelgrün und runzelig, unterseits graugrün und dicht behaart, Stiele 6 cm lang.
Blüten: gelblich, in kleinen Büscheln zu 6–10 zusammenstehend, das flügelartige Blatt bis 9 cm lang.
Frucht: 6–10 mm lang, eiförmig, mit kleinen Warzen bedeckt.

Silber-Linde

Granatapfelgewächse *(Punicaceae)*

Granatapfelbaum
(Punica granatum)

Dieser immergrüne, bis 6 m hohe Baum ist in Südwestasien heimisch, er wird aber seit langer Zeit im Mittelmeergebiet kultiviert und gedeiht überall dort, wo auch Zitronen wachsen. In Kultur wird er meist strauchig gehalten.
Zweige: kantig und kahl.
Blätter: 2–8 cm lang, schmal, am oberen Ende abgerundet, lederig, dunkelgrün und glänzend, kurz gestielt.
Blüten: 3–4 cm breit, leuchtend rot, die Kelchblätter sind zu einer Röhre verwachsen, aus der am oberen Ende die Blütenblätter und zahlreiche gelbe Staubgefäße herausragen. Manche Gartenformen haben gefüllte Blüten.
Frucht: von der Größe einer Zitrone, rot oder auch gelbrot gefärbt, kugelförmig, mit einer derben, zähen Schale und mehreren Kammern mit zahlreichen Samen.

Verwendung: die einzelnen Samenkörner werden von einer fleischigen Hülle umgeben, die sehr safthaltig ist und angenehm schmeckt. Dieser Saft wird zu Limonaden verarbeitet. Die Rinde enthält Gerbsäure und diente früher als Fiebermittel.

reife Frucht

Längsschnitt durch die Frucht

Granatapfelbaum

Myrtengewächse *(Myrtaceae)*

Blaugummibaum
(Eucalyptus globulus)

Dieser immergrüne, bis 40 m hohe Baum ist in Südaustralien heimisch. Er wird in Süd- und Westeuropa als Zierbaum, aber auch zur Trockenlegung von Sümpfen angepflanzt.
Krone: kegelförmig oder gewölbt, hoch und dicht.
Rinde: hellbraun, später in langen Streifen abblätternd, so daß die graubraune, innere Rinde zu sehen ist.
Blätter: 10–30 cm lang, etwa 4 cm breit, schmal, lang zugespitzt, meist sichelför-mig gebogen, lederig, glänzend, dunkel-grün, mit Drüsen besetzt, auf der Unter-seite graublau bis weißlich, Stiele kurz und kahl.
Blüten: etwa 4 cm breit, weißlich, mit zahl-reichen sternförmig angeordneten gelben Staubbeuteln, einzeln in den Blattachseln stehend.
Frucht: 1,5–2,5 cm groß, becherförmig, hart und verholzt, dunkelbraun, mit grau-blauem Deckel, der zur Reifezeit abspringt und die Samen freigibt.
Verwendung: Das aus den Blättern ge-wonnene Eukalyptusöl spielt in der Phar-mazie eine Rolle.

Tasmanischer Blau-gummibaum
(Eucalyptus gunnii)

Dieser immergrüne Baum ist in Tasmanien und Südaustralien zu Hause. Er wird vor-wiegend in Nordwesteuropa angepflanzt und erreicht hier eine Höhe von 20–30 m.

Blaugummibaum

Blüte

sich öffnende Blüte

Früchte

Blüten-knospe

Krone: kegelförmig, später breit gewölbt und stark verzweigt.

Rinde: glatt und grau unter den rötlichen, abreißenden Streifen.

Zweige: gelblichweiß, rötlich überlaufen.

Blätter: 8–10 cm lang, länglich, am oberen Ende zugespitzt, ganzrandig, lederig, auf der Oberseite blaugrün, unterseits gelbgrün, beim Zerreiben nach Apfel duftend, die jungen Blätter breiter und rundlich.

Blüten: in kleinen Büscheln zu dritt in den Blattachseln stehend, grauweiß und becherförmig, mit zahlreichen, gelben Staubbeuteln.

Frucht: etwa 5 mm lang, becherförmig und hart.

Blüten

Tasmanischer Blaugummibaum

Brautmyrte
(Myrtus communis)

Dieser immergrüne, bis 5 m hohe Strauch ist im Mittelmeergebiet heimisch und wächst wild in voller Sonne in Wäldern und Gebüschen. Er wird häufig angepflanzt und auch bei uns in Kübeln gehalten. Die kleinen blühenden Zweige dienen als Brautschmuck.

Blätter: 2–3 cm lang, 1,5 cm breit, am Grunde und am oberen Ende zugespitzt, lederig, dunkelgrün und dicht mit dunklen Drüsen besetzt, beim Zerreiben stark aromatisch riechend.

Blüten: etwa 2 cm breit, angenehm duftend, mit 5 weißen Blütenblättern und zahlreichen Staubgefäßen. Einzeln auf langen Stielen in den Blattachseln stehend, mit kleinen, kugelförmigen Knospen.

Frucht: 6 mm breite, kugelförmige, blaurote Beere.

Verwendung: Aus den Blättern, Blüten und Früchten wird ein Öl gewonnen, das bei der Parfüm- und Seifenherstellung gebraucht wird.

Braut-myrte

Früchte

Blüten-knospe

111

Hartriegelgewächse *(Cornaceae)*

Strauch
im Winter

Roter Hartriegel

Roter Hartriegel
(Cornus sanguinea)

Dieser sommergrüne Baum ist in Europa – mit Ausnahme des Nordens – weit verbreitet. Die östliche Grenze seines Vorkommens ist die Linie Ostsee – Kaspisches Meer. Bei uns wächst er auf nährstoffreichen, oft kalkhaltigen Böden und wird bis 5 m hoch.
Rinde: graugrün.
Zweige: dunkelrot, vor allem im Winter auffallend.
Knospen: schmal, ohne Schuppen.
Blätter: 4–10 cm lang, eiförmig, zugespitzt, mit stark hervortretenden, bogig

verlaufenden Nerven, im Herbst zuerst hellgrün, dann dunkelrot verfärbt.
Blüten: klein, 4zählig, mit weißen, schmalen Blütenblättern und 4 Staubblättern, in 4–5 cm großen, gewölbten Doldenrispen angeordnet.
Frucht: 6–8 mm im Durchmesser, kugelförmig, schwarz. Die Beere hat ein bitter schmeckendes Fleisch und einen Kern mit 2 Samen. Sie wird von Vögeln gefressen.
Verwendung: Das sehr harte, zähe und helle Holz wird für Tischler- und Drechslerarbeiten genommen.

Heidekrautgewächse
(Ericaceae)

Erdbeerbaum
(Arbutus unedo)

Dieser kleine, bis höchstens 12 m hohe, immergrüne Baum ist in Südwesteuropa zu Hause und kommt wild bis Nordwestirland vor. Er wächst auf trockenen Hügeln, in Gebüschen und lichten Wäldern und wird hin und wieder auch angepflanzt.
Krone: niedrig, dicht, rundlich, mit aufrechten, verzweigten Ästen und sehr kurzem Stamm.

Roter Hartriegel

Zweige
im Winter

Frucht-
stand

Erdbeer-
baum

Blüten und
Früchte

Rinde des Erdbeerbaumes

Rinde: dunkelrötlich, später in graubraunen Streifen abreißend.
Zweige: oberseits rötlich, sonst grün, behaart.
Knospen: 1–2 mm lang, purpurrot, spitz.
Blätter: 5–10 cm lang, 2–3 cm breit, schmal. an beiden Enden spitz zulaufend, an den Rändern gesägt, oberseits dunkelgrün und glänzend, auf der Unterseite heller, Stiele kurz und behaart.
Blüten: 8 mm lang, krugförmig, am oberen Ende fein gezähnelt, weiß, grünlich oder rot überlaufen, in kleinen, 5 cm langen, herabhängenden Büscheln angeordnet, im September erscheinend, wenn die vorjährigen Früchte reif sind.
Frucht: 2 cm im Durchmesser, kugelförmig, anfangs gelb, dann rosa, zuletzt rot, stark warzig. Das Fruchtfleisch ist eßbar, hat aber keinen angenehmen Geschmack.
Verwendung: Aus dem rötlichbraunen Holz werden Geräte und Holzkohle hergestellt.

Östlicher Erdbeer-baum
(Arbutus andrachne)

Dieser Strauch oder kleine Baum ist der vorigen Art ähnlich, kommt aber ausschließlich im östlichen Mittelmeergebiet vor. Vom Erdbeerbaum kann er durch folgende Merkmale unterschieden werden:
Rinde: orangerot, an den Ästen gelblichgrün.
Zweige: gelbgrün, später bräunlich, kahl.
Blätter: 5–10 cm lang, 4–5 cm breit, eiförmig, an den Rändern glatt.
Blüten: in aufrechten Büscheln im Frühjahr erscheinend.
Frucht: 8–12 mm breit, orangefarben, glatt.

Rinde des
Östlichen
Erdbeer-
baumes

**Östlicher
Erdbeerbaum**

113

Geißblattgewächse *(Caprifoliaceae)*

Schwarzer Holunder
(Sambucus nigra)

Dieser sommergrüne Strauch oder kleine Baum ist über ganz Europa verbreitet. Er wächst in Gebüschen, an Waldrändern, Feldwegen und Schuttstellen und wird bis 10 m hoch.
Krone: unregelmäßig, vielästig.
Rinde: graubraun, mit zahlreichen Korkporen, später dunkler und tief netzartig zerreißend.
Zweige: kräftig, grau, mit vielen Korkporen und einem weißlichen Mark.
Knospen: braunrot bis purpurn mit 2–4 Schuppen.
Blätter: unpaarig gefiedert, aus 5–7 eiförmigen, zugespitzten, stark gesägten, 3–9 cm langen Blättchen zusammengesetzt, auf der Oberseite grün, unterseits graugrün.
Blüten: etwa 5 mm breit, weiß, in dichten, flachen, 10–20 cm breiten Doldenrispen angeordnet.
Frucht: eine kugelige, blauschwarze, beerenartige Steinfrucht mit 3 Samen.
Verwendung: Die »Holunderbeeren« werden gegessen, doch sollte man vorher die Samen entfernen, denn sie sind – wie alle grünen Teile des Baumes – schwach giftig. Das Holz ist hart, fest und weiß und wird für Tischlerarbeiten gebraucht.

Gemeiner Schneeball
(Viburnum opulus)

Dieser sommergrüne Strauch wird bis 5 m hoch und ist – mit Ausnahme von Skandinavien – in Europa, Westasien und Nordasien weit verbreitet.
Krone: ausgebreitet, unregelmäßig.
Zweige: kantig, glatt.
Knospen: gelblichgrün, mit 4 Schuppen.
Blätter: 5–8 cm lang, 3–5lappig, an den Rändern tief und unregelmäßig gesägt, mit 2 auffallenden Drüsen am Blattstiel, anfangs behaart, später verkahlend, grün, im Herbst hellrot verfärbt, Stiele 3–4 cm lang.
Blüten: weiß, in einer 5–10 cm breiten, flachen Doldenrispe angeordnet, die äußeren 2 cm breit und unfruchtbar, die inneren viel kleiner und fruchtbar – bei Gartenformen aber auch groß und steril.
Frucht: 8 mm breite, kugelförmige, rote Steinfrucht mit einem Samen.

Schwarzer Holunder

Gemeiner
Schneeball

Wolliger
Schneeball

Knospen
im Winter

reife Frucht

Wolliger Schneeball
(Viburnum lantana)

Dieser sommergrüne Strauch ist in Südeuropa und Kleinasien zu Hause. Er wächst bei uns an sonnigen Hängen und in lichten Wäldern, meist auf kalkhaltigem Boden und wird 5 m hoch.

Zweige: dicht und weiß behaart.
Blätter: 5–12 cm lang, herzförmig, spitz, an den Rändern fein und regelmäßig gezähnt, auf der Oberseite dunkelgrün, unterseits heller und dicht weißlich behaart, Stiele kurz und behaart.
Blüten: 6 mm breit, weiß, alle fruchtbar, in dichten, 6–10 cm breiten, fast kugelförmigen Blütenrispen angeordnet.
Frucht: schmal, walzenförmig, an beiden Enden abgerundet, zuerst grün, dann rot, zuletzt blauschwarz gefärbt.

Styraxbaumgewächse
(Styracaceae)

Echter Styraxbaum
(Styrax officinalis)

Dieser Strauch oder kleine, höchstens 7 m hohe Baum ist in Südosteuropa und Kleinasien zu Hause und wird im Mittelmeergebiet zuweilen angepflanzt.
Blätter: 3–6 cm lang, am Grunde abgerundet, am oberen Ende zugespitzt oder schmal-abgerundet, ganzrandig, anfangs

Echter
Styraxbaum

Frucht

mit Sternhaaren besetzt, später verkahlend.

Blüten: 2–3 cm breit, duftend, weiß, mit ausgebreiteten Blütenblättern und gelben Staubbeuteln, die von den langen Griffeln überragt werden, in Büscheln zu 3–6 angeordnet, ihre Stiele behaart.

Frucht: kugelförmige, graublaue Steinfrucht mit 1–2 Samen.

Verwendung: Der Baum wird angezapft und dadurch aus der Rinde das Styraxharz gewonnen. Es spielt in der Heilkunde und Parfümherstellung eine Rolle.

Japanischer Styraxbaum
(Styrax japonica)

Dieser Strauch oder bis 11 m hohe Baum ist in Japan und China heimisch. Er wird in wärmeren Gebieten zuweilen als Zierbaum angepflanzt, in unserem Klima gedeiht er nicht, weil er gegen Kälte empfindlich ist.

Krone: dicht, gerundet, mit stark verzweigten Ästen.

Rinde: grau, mit rötlichen Querstreifen, später zerreißend.

Zweige: abstehend, dünn, anfangs sternhaarig, später verkahlend.

Blätter: 4–6 cm lang, eiförmig, an beiden Enden zugespitzt, an den Rändern ent-fernt gezähnelt und etwas wellig, auf der Oberseite glänzend, grün, unterseits heller, sternhaarig, Stiele 2–6 mm lang.

Blüten: 2 cm breit, mit 5 weißen, sternförmig ausgebreiteten Blütenblättern, zu 3–6 in kleinen, hängenden Büscheln angeordnet, mit 2–3 cm langen, kahlen Stielen.

Frucht: 1 cm lang, kugelförmig, glatt, graugrün, in einem becherförmig verwachsenen, 5zipfligen Kelch stehend.

Ölbaumgewächse
(Oleaceae)

Diese Familie umfaßt über 400 Arten von Bäumen und Sträuchern und ist weltweit verbreitet. Zu ihnen gehören viele Zierbäume, z.B. der Flieder und der Jasmin, die wirtschaftlich bedeutendste Art ist aber der Ölbaum.

Ölbaum   *(Olea europaea)*

Dieser langsam wachsende, immergrüne Baum ist die Charakterpflanze des Mittelmeerraumes. Er wird hier seit undenklichen Zeiten angebaut, wächst aber auch heute noch wild oder verwildert an trockenen, felsigen Orten. Er wird bis 15 m hoch.

Rinde des Ölbaumes

Japanischer Styraxbaum

Früchte

116

Krone: breit gewölbt, flach, unregelmäßig, mit meist kurzem, gedrehtem Stamm.
Rinde: grau, im Alter netzartig zerrissen.
Zweige: mit silberfarbenen Schuppen besetzt.
Blätter: 2–8 cm lang, schmal, an beiden Enden zugespitzt, lederig, oberseits dunkelgrün, auf der Unterseite silbergrau, Stiele sehr kurz.
Blüten: 4zählig, klein, weiß, mit ausgebreiteten Blütenblättern und 2 Staubgefäßen, in dichten, aufrechten Trauben in den Blattachseln stehend.
Frucht: 1–3 cm lange, eiförmige bis kugelige Steinfrucht anfangs grün, später

Der Ölbaum wird im Mittelmeergebiet in großen Plantagen angepflanzt.

blauschwarz bis braungrün, glatt.
Verwendung: Die Früchte kommen unter dem Namen »Olive« in den Handel. Sie enthalten etwa 20% Öl, das seit altersher als Speiseöl geschätzt wird. Industriell wird es auch in der Seifen- und Textilindustrie sowie als Schmieröl verwendet. Das harte und zähe Holz nimmt man für Drechslerarbeiten und stellt auch Holzkohle daraus her.

Ölbaum

Blütenstand

Früchte
(Oliven)

117

Manna-Esche
(Fraxinus ornus)

Dieser sommergrüne Baum ist in Süd- und Südosteuropa heimisch, wo er auf trockenen Hügeln, in Wäldern und Gebüschen wächst. Hier wird er bis 20 m hoch. Bei uns wird er seit langem in Anlagen und großen Parks als Zierbaum angepflanzt. In Italien hat er auch eine wirtschaftliche Bedeutung.

Krone: breit gewölbt, mit vielen verzweigten Ästen.

Rinde: grau und glatt, später rauh.

Zweige: olivgrün.

Knospen: eiförmig, dicht graufilzig behaart, von 2 Schuppen umgeben.

Blätter: unpaarig gefiedert, 25–30 cm lang, aus 5–9 schmalen, lang zugespitzten, an den Rändern unregelmäßig gezähnten, 10 cm langen Blättchen zusammengesetzt, auf der Unterseite dicht behaart.

Blüten: weiß und duftend, mit 6 schmalen, abstehenden Blütenblättern, in dichten, 15–20 cm langen, aufrechten Rispen an den Enden der Zweige zusammenstehend.

Frucht: 1,5–2,5 cm lange, einseitig geflügelte Nuß, die durch den Wind verbreitet wird, anfangs grün, später braun gefärbt.

Verwendung: Der Saft der Rinde (Manna) wird fest und gummiartig. Er spielt in der Pharmazie eine Rolle.

Manna-Esche

Rinde der Manna-Esche

Manna-Esche

Blütenstand

Fruchtstand

Esche *(Fraxinus excelsior)*

Dieser sommergrüne Baum ist in ganz Europa und im Kaukasusgebiet verbreitet und wird seit langer Zeit überall angepflanzt. Sein Ursprungsgebiet ist deshalb schwer festzustellen. Er braucht einen nährstoffreichen, feuchten Boden und wird bei uns bis zu 40 m hoch.

Krone: groß und gewölbt, locker und mit aufrechten, verzweigten Ästen.

Rinde: hellgrau, zuerst glatt, später netzartig zerreißend.

Zweige: ziemlich dick, graugrün, mit weißlichen Flecken.

Knospen: sehr breit, kantig und völlig schwarz.

Blätter: unpaarig gefiedert, 20–35 cm lang, aus 9–15 ungestielten, schmalen, zugespitzten, an den Rändern grob gesägten, bis 12 cm langen Blättchen zusammengesetzt, auf der Oberseite mattgrün, unterseits heller und flaumhaarig, im Herbst gelblich verfärbt.

Blüten: klein und unansehnlich, in dichten Büscheln zusammenstehend, gelbviolett oder gelbrot gefärbt, die männlichen und weiblichen entweder auf getrennten Bäumen oder auf einem Baum; manchmal sind die Blüten auch zwittrig, sie erscheinen vor den Blättern.

Frucht: 2,5–5 cm lange und schmal geflügelte Nuß. Die Früchte sind anfangs grün, später braun und bleiben lange an den Zweigen stehen, auch wenn die Blätter bereits abgefallen sind.

Verwendung: Das harte, elastische Holz wird zur Herstellung von Geräten, z. B. von Stielen und Deichseln genommen, außerdem werden Skier und Ruder daraus hergestellt. Eschenholz ist ein gutes Brennholz und zur Herstellung von Holzkohle geeignet.

natürliche
Verbreitung
der Esche

männlicher
Blütenstand

weiblicher
Blütenstand

Esche

geflügelte
Frucht

Knospe
im Winter

Baum
im Winter

Worterklärungen

Art: Eine mehr oder minder große Anzahl einzelner Pflanzen, die einander ähnlich und auch von ihren Eltern und Nachkommen nicht verschieden sind. Die einzelnen Pflanzen sind untereinander fruchtbar und haben auch fruchtbare Nachkommen.

Bastard: Eine Pflanze, die aus der Kreuzung von zwei verschiedenen Arten einer Gattung hervorgegangen ist. Solche Bastarde sind oft unfruchtbar oder bilden nur wenige Samen aus. Es treten auch Bastarde auf – allerdings selten –, die durch Kreuzungen von 2 Arten verschiedener Gattung entstanden sind. Sie sind meist von Gärtnern gezüchtet worden.

Beere: Eine Frucht, deren Wand saftig oder fleischig ist und die meist mehrere Samen enthält. Beeren werden oft von Vögeln gefressen und die Samen durch den Vogelkot verbreitet.

Blattachsel: Der Winkel zwischen Zweig und Blattstiel. Bei den Blütenpflanzen steht in jeder Blattachsel eine Knospe.

Blättchen: Die einzeln stehenden Teile eines gefiederten Blattes.

Blattspreite: Der flache Teil des Blattes.

Blattstiel: Der stielartige Teil des Blattes, der die Blattspreite trägt.

Blüte: Teil der Pflanze, an dem die Vermehrungsorgane zusammenstehen. Bei den Laubbäumen besteht die Blüte aus Kelchblättern, Blütenblättern, Staubgefäßen und dem Stempel.

Blütenblätter: Meist auffallend gefärbte Blätter einer Blüte.

Borke: Stark verdickte und oft zerrissene Rinde bei älteren Bäumen.

Dolde: Ein Blütenstand, bei dem am Stengelende mehrere bis viele Nebenäste von einem Punkt ausgehen.

Doldenrispe: Eine Rispe, die breit und abgerundet und dadurch einer Dolde ähnlich ist.

Dornen: Harte und spitze Gebilde, die fest mit dem Holz der Äste und Zweige verbunden und deshalb schwer abzubrechen sind.

Eichel: Frucht der Eichen, die in einer becherförmigen Hülle steht.

Einhäusige Pflanzen: Männliche und weibliche Blüten stehen an demselben Baum.

Familie: Eine Gruppe von Pflanzen, die meist mehrere bis viele Gattungen umfaßt. Mehrere Familien bilden eine Ordnung.

Fiederförmiges Blatt: Ein Blatt, an dessen Mittelrippe auf jeder Seite mehrere völlig getrennte Blättchen nebeneinander stehen.

Frucht: Ein Organ, das aus dem Fruchtknoten entsteht und die Samen enthält.

Fruchtknoten: Organ der Blüte der Laubbäume, von dem die Samenanlagen mit den Eizellen eingehüllt werden. Nach der Befruchtung entwickelt sich der Fruchtknoten zur Frucht.

Gattung: Eine Gruppe von Pflanzen, die eine oder mehrere bis viele eng verwandte Arten umfaßt. Mehrere Gattungen bilden eine Familie.

Griffel: Teil des Stempels, der auf dem Fruchtknoten steht und an seinem oberen Ende die Narben trägt.

Handförmiges Blatt: Ein Blatt, dessen Spreite von einem Punkt aus in mehrere getrennte Blättchen geteilt ist.

Hülse: Eine Frucht, die sich zur Reifezeit an der Bauch- und Rückennaht öffnet und die Samen freigibt. Typische Frucht der Hülsenfrüchtler (Leguminosen).

Immergrüne Bäume: Pflanzen mit meist derben und ledrigen Blättern, die im Herbst nicht gleichzeitig abgeworfen werden, sondern überwintern. Die einzelnen Blätter leben meist nur wenige Jahre und fallen nacheinander ab. Dadurch entsteht der Eindruck, als blieben sie immer am Baum stehen.

Kapsel: Eine Trockenfrucht, die ungefächert oder durch Scheidewände in Fächer geteilt ist und sich oft mit Klappen oder einem Deckel öffnet.

Kätzchen: Ein Blütenstand, in dem kleine und meist unansehnliche Blüten in großer Zahl zusammenstehen.

Kelchblätter: Unterste, meist grüne Blätter einer Blüte.

Kernholz: Die dunkler gefärbte innere Zone des Stammquerschnittes.

Narbe: Oberster Teil des Stempels, an dem die Pollenkörner festkleben.

Nuß: Eine meist einsamige Frucht, deren Wand trocken und verholzt oder knorpelig verdickt ist.

Paarig gefiedertes Blatt: Fiederblatt mit einer geraden Zahl von Blättchen (ohne Blättchen an der Spitze).

Rinde: Äußere, vom Holz ablösbare Schicht des Stammes, der Äste und der Zweige.

Rispe: Ein Blütenstand, bei dem mehrere bis viele verzweigte Nebenäste an einer Hauptachse stehen.

Samen: Ein Überwinterungsorgan der Pflanze, das aus einer Schale, dem Keimling und dem Nährgewebe besteht.

Samenanlage: Ein Organ, in dem die Eizelle liegt. Nach der Befruchtung entwickelt sich die Samenanlage zu einem Samen. Bei den Laubbäumen werden die Samenanlagen von einem Fruchtknoten umschlossen. Diese Bäume gehören deshalb zu den Bedecktsamern. Bei den Koniferen liegen die Samen offen auf den Zapfenschuppen. Man nennt diese Gruppe deshalb die Nacktsamer.

Sommergrüne Bäume: Pflanzen, die im Frühjahr neue Blätter bekommen und sie im Herbst gleichzeitig abwerfen. Bei manchen Bäumen bleibt das vertrocknete Laub bis in den Winter an den Zweigen stehen.

Splintholz: Die heller gefärbte, äußere Zone des Stammquerschnittes.

Stacheln: Spitze Gebilde, die in der Rinde der Äste und Zweige verankert und deshalb leicht abzubrechen sind.

Staubgefäße: Bestehen aus einem Stiel und dem Staubbeutel. Der Staubbeutel enthält die Pollenkörner, die durch den Wind oder durch Insekten auf den Griffel des Stempels transportiert werden. Die Pollenkörner bilden einen langen Schlauch, der durch die Narbe und den Griffel bis an die Samenanlage wächst. Durch diesen Schlauch wandert die männliche Keimzelle zur weiblichen Eizelle, und die Befruchtung findet statt. Bei den Koniferen werden die Pollenkörner durch den Wind bis an die offen daliegende Samenanlage gebracht.

Steinfrucht: Eine Frucht mit fleischiger Wand und einem Samen, der von einer steinharten Schicht umgeben ist.

Stempel: Weibliches Organ der Blüten; es besteht aus dem Fruchtknoten, dem Griffel und den Narben (siehe Seite 9).

Traube: Ein Blütenstand, bei dem mehrere bis viele unverzweigte Nebenäste an einer Hauptachse stehen.

Unpaarig gefiedertes Blatt: Fiederblatt mit einer ungeraden Zahl von Blättchen (mit Blättchen an der Spitze).

Wasserreiser: Sind plötzlich auftretende lange und dünne Zweige, die meist besonders große, aber typisch geformte Blätter haben. Sie entwickeln sich aus schlafenden Knospen an den Stämmen oder an älteren Ästen. Wasserreiser entstehen, wenn die Baumkrone aus irgendwelchen Gründen stark verkleinert ist und die Wurzeln mehr Wasser und Nährstoffe aufnehmen, als der Baum verbrauchen kann.

Zapfen: Weibliche Blüte der Koniferen, die aus einer mehr oder minder großen Anzahl von Schuppen besteht, zwischen denen die Samen stehen. Nach der Befruchtung ist der Zapfen fest geschlossen und schützt die heranwachsenden Samen. Zur Reifezeit öffnet er sich, und die (meist geflügelten) Samen fallen aus.

Zweihäusige Pflanzen: Männliche und weibliche Blüten stehen getrennt auf verschiedenen Bäumen.

Zwittrige Blüten: Blüten, in denen fruchtbare Staubblätter und Stempel vorhanden sind.

Index